# 幽霊消防団員

## 日本のアンタッチャブル

高橋祐貴

光文社新書

# まえがき――最後の「聖域」

## 広がる公金を使った不正

近くで火災が起きると、様子を見に行ってしまったことは誰しもあるはずだ。火災現場では、消防職員や警察官だけでなく、地域の消防団員も火消しや交通整理などに追われている。火災はいつ起こるか分からないため、いつでも出動できるように団員は準備している。生活上の制約も多いため、精神的にも負担は大きいはずだ。

その消防団で、公金を使った不正が広がっているという。あまり知られていないが、消防団員はボランティアではなく、特別職の地方公務員で給与も払われている。聞くところ、不正の仕組みは至って単純だ。なぜこんな時代遅れなシステムが……。ある自治体職員に理由を聞くと、

「消防団は最後の『聖域』って呼ばれているんですよ」

そう漏らす。生まれ育った町を守りたい、少しでも何か恩返しができれば、と入団した経緯は人それぞれだ。そんな思いを持って活動される方に出会うと頭が下がる思いだ。一方、消防団には誰も触れることができない闇がある。

「消防団を辞めようとしたんですけど、辞任届は出さなくてよいと言われまして。いわゆる『幽霊団員』なんです。幹部が地元の金融機関で、勝手に私の銀行口座を作ってきて、所属したままになっているので、報酬（給与）が都度出ています。他の団員に聞いたり調べたりしていくと、お金をプールして宴会の費用とかに使うためだと分かってきました」

最初は半信半疑だった。そんな簡単に不正請求ができるはずがない、という思い込みがあったからだ。

## 根の深い問題

私にとって消防団のイメージは、震災だった。神戸市長田区で生まれ育ち、１９９５年１月17日に起きた阪神・淡路大震災に遭った。震災の記憶は断片的だが、突き上げられるような轟音《ごうおん》の後に家屋が揺れ、食器棚からなだれ落ちるように皿やコップが次々と割れる音は今も耳に残る。布団の中でうずくまりながら、余震の恐怖を堪え忍んだ。平屋建ての自宅は半壊となり、周辺の家屋も倒壊した。

火災が発生した近所のアパート前を通ると、鼻につく嫌な臭いは記憶に強く焼きついている。震災から25年以上が経過した中、近くには取り壊して更地のままの土地もある。地元で起きたことに興味を持ち、図書館で被災現場の写真集などを見る機会が何度かあった。幽霊消防団員の取材を始めた当初も見返してみた。写真にはなぎ倒された家屋から、消防署員に交じりながら法被《はっぴ》を着て人命救助に励む消防団員の姿が映っていた。消防団員は地域に必要な存在として認識していたが、不正の温床になっているとは取材前、思いもしなかった。

毎日新聞のデータベースで「消防団」と検索してみると、大学生や女性、外国人らを巻き込んでなり手不足の解消に取り組む記事、消防操法大会に参加する団員の様子などの写真が目についた。

一方、消防団員に支給される報酬や手当を巡って、相次いで横領などの不正が起きている実態も浮かび上がってきた。団長や経理を任された団員が一般団員らに支給する報酬や手当を個人の遊興費や生活費に充てている。こうした記事は、地方版の記事としてほとんどが見出し1段の「ベタ記事」として掲載されていた。全国的な問題として認知されていなかった。

いずれも、金銭にまつわる問題が書かれている程度で、幽霊消防団員に関する記事、架空請求で公金が垂れ流されている事案については触れられていなかった。根の深さを感じた。

## 悲痛な訴え

最初に取材で出会ったのは50代男性（岡山市在住）。仕事の合間、ランチタイムに人気《ひとけ》のない喫茶店で落ち合った。退団の申請を受け入れてもらえず、幽霊団員化してしまった。

「無駄な公費が垂れ流されている状況が分かってきた途端、腹立たしくて」

最初は、丁寧で物腰が柔らかい口調だったが、次第に怒りがこみ上げてきているようだった。聞けば、本来、訓練や消火活動に参加した際、対価として個人に支給される手当や報酬、年間数万円が団幹部によって架空請求され、団の飲み会や旅行に使われ続けているかもしれないとのことだった。問題を告発しようと思っても相談機関がなく、過去に問題視した団員もいたが、その団員は地域で村八分にされたという。

幽霊消防団員を団の活動に参加させたことにして自治体に架空請求すれば、後に手当が振り込まれることが取材で分かった。自治体側のチェック体制も極めて甘かった。男性は、飲

み会中に他の団員に相談してみたが、

「おとなしくしている方が身のためですよ」

と耳元でささやかれたという。でも、黙って見過ごせなかった。一銭も払ったことがない飲み会はいつも血税が資金源になっていた。

「いろいろ調べていくと、消防団員はボランティアじゃなかったんです。そもそも報酬や手当がもらえるなんて入団時に一切説明を受けていませんし、なぜか個人の銀行口座は分団が管理しています。分団の機庫《きこ》（消防団の備品などがそろう建物）の中にある冷蔵庫には焼酎やビールが常にいっぱい。旅行ではコンパニオンの女性を呼んでどんちゃん騒ぎ。もう、どうしたらいいんですかね」

男性だけでなく、全国各地の現役団員や元団員らに幽霊消防団員の実態について取材してきたが、誰もが、一度語り出すと止まらなかった。こちらが質問する隙はなかなかなかった。

「とにかく所属する分団の実情を聞いてください」

悲痛な訴えだった。閉鎖的な組織風土のため、他の消防団の実情を伝えると安堵の表情を浮かべたり、声のトーンが落ち着いたりする人が多かった。取材を進めるほど、ずさんな管理体制が次々に判明した。収支報告書をまったく作成していない分団もあり、団員でさえ帳簿を見ることができなかったり、収支報告書の公表が突如、廃止になったりした事例もあった。どれだけの人が消防団に関する不正問題に関心があるのか未知数だったが、地方都市で起きている問題は都心部・地方を問わず各地で起きているのではないか。根拠はなかったが、仮説は当たった。

地方で蔓延する不正に関しては、我々報道機関の責任であることも一因かもしれない。取材経費が削減されるだけでなく、地方支局に配属されている記者の数も減っている。行政を始めとする公的機関を監視する目も少なからず行き届かなくなってきているのではないかと感じている。チェックが行き届いていない事例の一つが、幽霊消防団員ではないだろうか。

## 匿名が絶対条件

幽霊消防団員について取材する際、相手との打ち合わせ場所や取材内容の情報管理には細心の注意が必要だった。人目につかない場所が絶対条件で、生活環境から離れた場所で会うことを求められた。中には、カラオケボックス内で落ち合った人もいた。

会話しながらも、常に人目を気にしているようだった。それだけ、取材相手は神経を尖らせていた。２０１１年に発生した東日本大震災を受けて、防災に関心を持って入団する責任感の強い人もいたが、いざ消防団に入ると実情に困惑したという。

取材対象者が特定されると、地域から村八分になる可能性が高いということで匿名が絶対条件だった。中には、地域外からの公衆電話で架電してくる人もいて、慎重な姿勢が伝わってきた。

「報酬や手当が振り込まれる通帳や印鑑、カードの管理状況は分からず、見たこともない」

「強制参加の宴会が月に１回開かれ、断ると団の活動に参加するなと言われるようになった」

などと次々に話がこぼれてきた。衝撃を受けざるを得なかった。

あらゆる取材を通して問題提起をしたことが一因となり、法律や条例が変わったという経験が私には何度かあった。この消防団の問題についても現行の制度改正まで踏み込めるかは不透明だったが、埋もれた一人一人の声を発信してみようと決め、２０１７年から取材に取りかかった。

## 同様の事例は首都圏でも

幽霊消防団員の実情を報道した後、似たような被害にあったというような声が何十件と寄せられた。驚いたのは、幽霊消防団員や不正に関与している団員のほか、今まで問題意識を持ち続けていたものの、周囲に相談できなかった現役団員からも声が寄せられたことだった。また、男性に限らず女性団員からも分団幹部による横領・水増し請求などを指摘する声も届いた。

もちろん、こうした分団がすべてとはいえない。災害時だけに限らず、日常から訓練を怠らず、活動に励む団員が多いことは間違いない。ただ、他県の消防団員と親交し続けている、ある幹部団員の男性は、

「全国の半分ぐらいの団では幽霊消防団員を始めとする報酬・手当の在り方になにかしら問題があると思います」

幽霊消防団員の常態化や報酬や手当の横領、団員へのパワーハラスメントといった問題は各地で起きていた。意外だったのは地方都市に限らず、首都圏でも同様の事例が起きていたことだ。都内では港区、中央区、大田区、多摩地区など。団の運営に疑問を持った人たちが

声を上げても、他の団員から報復措置を受け、いざこざは現在も続いている。団員だけに限らず、団員の家族や消防団活動に疑問を感じている地域住民、消防団員に報酬や手当を支給する業務についていた行政職員からも反響があった。

また、政治と消防団の関わりの深さも見えてきた。市町村議が団員を務めている地域も多く、選挙時には消防団が票田になっていることも多いという。選挙前のチラシ貼りを手伝わされたり、消防団に入団してまもなく選挙ビラが届くようになったりしたという声もある。疑問を持った団員は「なぜ」の声を発することがなかなかできない。

「そういうものだから」

幹部団員に問い詰めても返答は求めているものとはほど遠く、うやむやな回答ばかりだった。ある地方議員に幽霊消防団員に関する問題について話を聞いたところ、

「年に1～2回は団に挨拶に行きますし、まとまった人数が集まる場所なので選挙には欠かせません。問題の追及ははっきり言って難しいと思いますよ」

と初めは歯切れが悪かったが、開き直ったように口調も滑らかになった。

団員を務めている人の職種はさまざまだ。取材で接触した分団の団長は公務員や経営者、元消防士などその地域で実権を持つ人が担っているケースもあった。議員は訓練や災害活動

にはほとんど参加しておらず、主な出席は飲み会がほとんどだ、という証言もあった。

## パンドラの箱

一方、抜本的な対策を進めるのは横浜市や京都市など。一定期間、活動がない団員には報酬を支給しないよう制度の改革に取り組んでいる。こうした取り組みは一部の自治体に限られているのが現状だ。

消防職員の30代男性（兵庫県内）は、消防団のことを「パンドラの箱」と表現する。決して触れることができない闇、すなわちアンタッチャブルだという。もちろん、真面目に活動している消防団員がいることを付け加えるのも忘れなかった。

「一部の消防団員が甘い蜜を吸い続けている。感覚が麻痺しているとしか思えない」

問題として認識しているものの、手がつけられない。手をつけることで肩身の狭い仕事しかできなくなるとも話をしてくれた。

自治体が厳しく追及できないことには理由がある。地域の有力者が消防団員を務めているだけでなく、消防団本来の活動以外の業務についても依頼しているからだ。消防団の活動は訓練や災害活動のほかに、花火大会などのパトロール活動も担っている。こうした警備活動は手当の支給外になっているケースが多い。消防団が自治体にとって都合の良い存在という一面も少なからずある。

消防団側にも言い分がある。人員確保がままならず、担い手は年々減り続けている。幽霊消防団員を利用して、団の運営資金を賄うためだという主張もあった。報酬や手当がちゃんと個人に支給されているケースは取材上、少なく、分団の運営費だけでなく飲み会の費用などとして徴収されていることも発覚した。

幽霊消防団員や報酬・手当の不正受給はごく一部の団の問題かもしれない。しかし、一部の問題が全国さまざまな地で聞こえてくることも事実として受け止めなければいけない。

火災だけに限らず、災害時、消防団の役割は非常に大きい。活動中に命を落としてしまう危険性と常に隣り合わせだ。地震だけに限らず、近年は豪雨など大規模災害が日本各地で頻発している。消防や警察、自衛隊といった公的機関の救助・支援活動だけではどうしても人手が足りない中、消防団への期待は大きい。

不正が蔓延する体質を嫌って消防団への入団をためらったり、退団したりした人の話も取材した。消防団が、一部の人による既得権益のような存在であってはならない。消防団の体質改善に向けてまず、多くの人に実態を知ってもらうことが必要だ。なり手不足は消防団だけに限らず、例えばマンションの組合組織もその一つだ。管理が行き渡らず、修繕費の徴収もままならなくなっている物件は数多い。時代に合わせた運営に変えていかなければ、担い手は集まらないという共通点が浮かび上がってくる。人手の争奪戦が起きている。

地域には、機庫が至る所に存在する。

あなたの住んでいる地域の消防団は、ちゃんと活動しているのだろうか。

万が一、災害が起きた時に十分機能する組織だろうか。

住民による監視の目が行き届くことが、不正事案の抑止効果になるのは言うまでもない。

人災が起きてからでは遅い——。そんな願いを込めて取材を進めてきた。

# 幽霊消防団員　目次

# 第1章
# 時代遅れの組織

活動をしていないのに自治体から一定の公金を受け取る「幽霊消防団員」。全国的に広がるこの問題は、消防団員や自治体職員の間では触れられない闇となっていて、長年放置されてきたが、近年になって告発が相次いでいる。

２０１９年夏、彼らが「アジト」とする詰《つ》め所《しょ》に潜入取材すると、目についたのは冷蔵庫に敷き詰められた缶ビールやチューハイ、コンパニオン派遣代が記載された慰安旅行の見積書……。幽霊団員を消火活動などに参加させたことにして、水増し請求した公金が充てられているという。取材を重ねていくと、病巣の片鱗が次々と見えてきた。

## 1・1 「幽霊消防団員」誕生の構図

### 「アジト」に潜入

閑静な住宅街にたたずむ、東京都多摩地区の消防団の詰め所。詰め所は機庫とも呼ばれていて、消防団員らが災害時に現場に駆けつけるポンプ車やホースといった備品を始め、防火性の高い活動服や手袋など出動時に身につける防災品が保管されている。

ある現役団員によると、ここは昼夜を問わず、団員たちが飲み食いしている現場だという。資金源になっているのは本来、消火活動や訓練に参加した際、分団員一人一人に支給される報酬（年間数万円）と手当（出動ごとに1回数千円）。

もとをたどると、原資は公金だ。分団によってさまざまだが、この団では少なくとも幽霊消防団員1人あたり年間5万円以上の資金がプールされているそうだ。本来、個人に支給されるべきこの報酬が、本人に行き渡っている事例は全国でも少ない。浅井俊之さん（仮名）は、誰もいない平日の日中を見計らって詰め所内を案内してくれた。

場所は、新宿駅より西に電車で30～40分。スーパーやスポーツジムなどが入る商業施設が建ち並び、平日の通勤ラッシュ時は、会社員や学生らでにぎわうターミナル駅に降り立った。幽霊消防団員は地方で起きがちな問題ではないかと偏見があったため、意外な場所というのが率直な思いだった。浅井さんとは駅のロータリーで待ち合わせをして、車で2～3分進むと詰め所に到着した。

記事の原稿をチェックしたり、取材の指揮を執ったりするデスクと相談していても、消防団は地方都市の問題という印象だった。火災などの緊急時、最寄りの消防署から現場に駆けつけるには時間がかかってしまうため、地元の有志らによる消防団が初期の消火活動などにあたる。

実際、地方における消防団の役割は重要で、消防署から車で数十分以上かかる場所も数知れない。初動対応は多岐にわたり、周辺住民らの避難誘導に始まり、消火活動や人命救助など幅広い職務がある。命の危険と隣り合わせの活動内容も多いため、普段の訓練も重要になってくる。

案内されたのは、一軒家が建ち並ぶ住宅街にたたずむ詰め所。建物の周囲はチェーンで囲われていて、なかなか近づきがたい雰囲気が漂っている。幹線道路から一本路地に入った場所にあるため、日中は主婦らが時折行き交う程度。本当にここで公費が使い込まれているのか、と思うほどののどかな「現場」で、不正とのイメージがなかなか結びつかなかった。

案内してくれた浅井さんは20年以上、消防団活動を続けている50代男性。分団の役職にも就いていて、いわゆる幹部団員だ。日中でも都合がつきやすく、消防団の活動を長年続けているという。話の引き出しが豊富な方で、特に地域の人間関係や地方議員の事情に精通しているようだった。自然と口調が滑らかになってくるのが伝わってきた。詰め所の鍵を開けながら、

「汚くて恥ずかしいですけど、中にどうぞ」

浅井さんの説明を受けながら中に入ると、言葉通り本当に煩雑としていて、苦笑いを浮かべるしかなかった。

## 「特殊詐欺みたいなもの」

浅井さんが消防団の活動に問題意識を持ち始めたのは、10年以上前にさかのぼる。元々、地元の街づくりや防災に関して興味があったことがきっかけで入団した。ただ、慣例的な組

織の体質に違和感を覚え始め、地域の防災力が著しく低下していることに危機感を持った。根本的な原因について思考を巡らせ、行き着いた答えが幽霊消防団員などを巡る不正の常態化だった。

「今でもひどい有り様ですけど、当時は本当に重症状態でした」

振り返り始めると話は止まらなかった。地域防災の低下の要因はさまざまある中、突き詰めると幽霊消防団員を利用した公金の水増し請求と、個人に支払うべき公金を充てた飲み会や旅行が増えていったことにあった。団本来の活動である訓練より、懇親会などの機会で集まる頻度が高くなっていた。体育会気質な風土に嫌気が差して、退団を希望する若手団員が続出した時期とも重なった。消防団活動の支障になっている不正の原因をたどればたどるほど、複雑に入り組んだ関係者の思惑を知ることになり、組織改革が必要だとさまざまな働きかけを行ってきた。ただ、抜本的な改善には到底及んでいない。

「最初は消防団の運営費を使ってタダで飲み食いできるのが勧誘時のＰＲになるということで、僕もいいことかなと思っていたんですよ。飲まなきゃ損みたいなところもあったんで。でも、やっぱり違いますよね。お金の出所を言わないまま『タダだから』と言って、強引に地域住民を巻き込むのが手口だったんです。もう特殊詐欺みたいなものですよ」

淡々と振り返る。浅井さんとは２０１７年末頃から何度も会い、19年夏に潜入取材を実行した。

## 「くれぐれも情報源の秘匿はお願いします」

取材先からの紹介で初めて会った時は、浅井さんの警戒心が異様に強かった。独自に集めた消防団の収支報告書や出動報告書といった内部文書は所属する分団だけに限らず、他の分団にも及んだ。１枚ずつパソコンにスキャンして丁寧に管理していた。詰め所の居間には慰安旅行の見積書や報告書が何枚も落ちているため、１～２枚持ち帰っても誰も気づかないという。

人目につかない場所ということで、地域外のカラオケボックスで落ち合い、話を聞かせてもらった。優しい目つきだが、はっきりとした力強い声で思いを語り始めた。

「この問題をマスコミに流しているのが私だってバレると、生活への支障は計り知れない。少なくとも、消防団員を続けることは不可能だと思います。生活環境も失いたくないので、くれぐれも情報源の秘匿はお願いしますよ」

リスクを抱えながらでも、胸の内を開いてくれたことに決意の固さを感じ取った。ゆっくりと語り出す言葉には自然と重みがあった。開口一番に弁明する。

「私もタダで飲み食いの場に参加しているので、偉そうなことは言えないんですけど、でも、なんとかしないといけないないなとずっと思い続けてきたまま、ずるずるとここまで経過してしまいました」

ここ数年は、詰め所で飲食するだけでなく、団員が営む飲食店などで飲み食いする機会もあるという。訓練後、活動服のままで飲食店に向かうこともあったといい、地域住民から見ると素性は明らかだ。ごくまれに参加メンバーから飲食代を徴収することはあるが、ほとんどタダ。話す話題は、もっぱら地域の噂や特定の個人に関するテーマが中心だ。消防団の活動について話すことはほぼない。団員間の食事会は多い時でほぼ毎日開かれていて、最近は月に2回程度だという。タバコとお酒と女性風俗と旅行についての話になると盛り上がる。

「ポンプ車の点検もロクにしてない時期もあったと思います」

飲み会のメンバーは常に固定化されていて、団員全員が参加する訳ではない。幹部団員になればなるほど参加率が高くなる。中には、誘いを断りきれずに参加している人もいるそうだ。付き合いの悪い団員は、重要な役職を任されることは少ないという。

潜入取材は男性から話があった。男性は薄暗い詰め所で活動服をハンガーにかけながら丁寧に言葉を選ぶ。

「飲み食いがダメって訳ではないんです。要はお金の出所の問題で、それって本来は個人に支給されるべき税金、血税なんですよね。しかも、時には活動服のまま、入ったなじみの居酒屋で派手にどんちゃん騒ぎすることもあって。威圧感を覚えたり疑問を持っていたりする住民もきっといると思うんです。消防職員と間違われると誤解を招きますし、人目につかない方がおかしいですしね」

詰め所に入る前の打ち合わせでは、万が一、他の団員に出会った時に怪しまれないように２人で相談していた。だから、違和感のないようにスーツではなく、私服姿で取材させてもらった。１階にはポンプ車が停まっていて、活動服やヘルメットなどが並べられている。一般的によく見る消防署のイメージと近かった。しかし、よく見ると破れたままの手袋が壁にかけられていたり、ホースも向きがばらばらなまま床に投げ出されていたりしていたのが目にとまった。オフィスが汚い会社は業績が悪いと断言する、取材先のある経営者を思い出した。

## 「治外法権だと思いませんか」

詰め所の階段を上って2階に上がると、約30平方メートルの一室に広がる光景に愕然とした。早速、日本酒の一升瓶が数本転がっているのが目についた。中をのぞくと空瓶だった。スナック菓子の食べカスがあちらこちらに落ちていて、袋もそのまま。

「いい大人が飲んだ後の片付けもできないなんて、ずさんすぎるのもいいところですよね」

浅井さんはビール瓶やチューハイ缶、スナック菓子などのゴミを拾い始めた。ざっと集めると、酒類の瓶や缶など10本程度が集まった。苦笑いを浮かべる私の表情を見てか、浅井さんは他の分団の実情も語り始め、飲み会で撮影してきた写真も見せてくれた。新年会や年1回ある操法大会で他の自治体の消防団員とも親交があった。写真は、東京都内の詰め所の机にビールとスナック菓子が並び、団員同士の交友を楽しんでいる様子だった。浅井さんが所属する分団特有の問題ではなさそうだった。

「あんまり、世の中には知られていないかもしれないですけど、どこにでもある当たり前の光景なんですよ。うちはないですけど、よそは、女性を連れ込んでいかがわしいことをしているところもあるって聞きますよ。隠れみのに詰め所はもってこいなんですよね」

会計担当者でも、詰め所に足を運ぶ機会は月に2回程度だ。所管の消防署に送る活動報告書の資料作成といった事務作業がほとんどで、利用時間は1回2〜3時間だ。仕事との兼ね合いもあるため、終日利用することはほとんどない。鍵は団員であれば誰でも持っていて、出入りは自由だ。

幹部団員の年齢は40代後半〜60代前半。20〜30代の団員も所属しているが、素面《しらふ》だとなかなか会話がかみ合わない。幹部団員にとって、若手とのコミュニケーションの手段は飲酒を伴う食事が中心になるが、その方法が不評を買いつつある。

「僕はいいんですけど、これから消防団に入ってくる若い人のためにも異常というか一昔前の風習というか。詰め所の使い方もそうですし、ちゃんと活動報酬くらいは個人に支給しないと誰もなりたいなんて思う人は出てこないですよね。昭和の感覚の人たちが多いので、その人たちが不正の中心的人物です。先日も『幽霊団員がいた方が良い』とか平気で言っている団員もいましたし。まともな意識で活動する消防団もありますが、多数の消防団が慣行している悪習だと思います。治外法権だと思いませんか」

## リスクの意識はゼロ

転がっている酒もあらゆる種類が目についた。瓶ビール、缶ビール、ウイスキーや焼酎、ワイン、チューハイ……。ありとあらゆる種類の酒がそろっていた。封が開いたままのスルメイカの袋も目についた。

中でも驚いたのが冷蔵庫。2段式の一般的な冷蔵庫を開けるとびっしりと酒が入っていた。冷凍庫をのぞくと、コンビニかスーパーで買ってきたと思われる氷も2～3袋ある。いつでも飲み会が開ける格好だ。ドレッシングなどの調味料もあったが、目につく限り、ほとんど酒。冷蔵庫の横には、空き瓶、缶がきれいに並べられていた。冷蔵庫に入りきらないビールが、ざっと数えて20缶程度あった。

「一部の人だけなんですけど、忘年会とか新年会といった飲み会に限らず、消防団の活動でもなんでもないのに昼から詰め所を利用して酒を飲んでる人もいますよ。さすがにみんなやばいんじゃないのとは思っているんですけど、誰も言えない。そういう人に限って、役職に就いている団員で元公務員とか企業経営者とか。地域でも一定の権力があるので誰も逆らうことができないんです。しかも、政治家との距離も近いので、気にくわないことをした団員を地域から締め出したことも過去にありました」

浅井さんも毎回ではないが、こうした飲み会に参加している。参加すればそれはそれで楽しかった。ただ、若手の消防団員が入団してもすぐに来なくなったり退団したいと申し出てきたりすることが多くなった上、高齢の団員が定年や病気などで退団していくと担い手の確保に苦戦するようになった。

団員数が減り続ける問題を真剣に考え始め、浅井さんは実際に退団した元団員に話を聞くと、消防団の閉鎖的な組織風土が足かせになっていることを知った。火災だけでなく、地震や洪水などの大規模災害が発生した際、生まれ育った町の地域防災の中核として消防団が機能しないという危機感が現実味を帯びるようになった。

「気になったというか、これはやばいと思ったことがあって。数年前、皆がいつものように飲んでいた時に火災が起きたんです。たまたま仕事の都合で参加できなかったので、後から聞いた話ですけど、出動するにも皆が飲酒状態だから誰が運転するの？　ってなりまして。結局、ある人の飲酒運転で現場に駆けつけることができたってこともありましたよ。地方公務員や経営者の団員も多いのに、リスク管理が正直まったくなっていないんです」

## 不正を隠すための細心の注意

取材では、浅井さんが住む地域の幽霊消防団員にも接触して話を聞いた。

「辞めてはいないけど、来てほしくないのかなという空気感があってね。歓迎されていないというか、もう何年も訓練や火災の情報が一切来ないからね」

約10年間、幽霊消防団員だという40代男性。分団の幹部とは同業他社にあたることが原因とみられ、火災出動だけでなく、訓練の連絡が一切来なくなった。新年会や忘年会などの飲み会も誘われなくなった。消防団絡みで連絡が来るのは、年1回の源泉徴収票。報酬として支給される5万円以上の額が記載されている書類が届くのみだ。ただ、記載されている報酬などは支給されていない。

「医療介護のイベントに参加した時、ある参加者の方と雑談をしていると、お互い同じ分団に所属している消防団員だということが分かったんです。おかしな話なんですけど、2人とも幽霊消防団員だったんです」

男性が所属する分団では、報酬・手当の水増し請求だけにとどまらず、一時期、詰め所を自宅代わりに利用している団員もいた。テレビゲームを持ち込んで遊んでいたり、エアコンを使い続けたりするなどを繰り返し、深夜になっても明かりが何日も点《つ》いたままだった。光熱費が異様に高くなり、寝泊まりしていることも発覚し、詰め所を私的利用しているのではないかと自治体から疑われて厳重注意を受けたこともあった。ただ、疑惑はうやむやになり、本格的な実態調査には及んでいない。

男性は幽霊消防団員だが、詰め所の鍵は持ったままだ。何度か報酬・手当の不正請求の実態をつかもうと、誰もいないタイミングを狙って詰め所にあるパソコンを開き、会計書類を検索してみたこともあった。かつて、活動に参加していた時は会計書類が一般団員向けに公開されていて、特定のパソコンで書類が作られていたためだ。しかし、出動手当を記入する報告書や会計関連の書類はパソコンからごそっと消えていた。

「全国的に報酬・手当の公金を私的流用している問題がちらほら出てくるようになったので、跡が残らないように細心の注意を払っているんだと思いますよ。お金がある時は週１回くらい大手の居酒屋チェーンで飲んでいて、お金が少なくなってくるとコンビニとかで缶ビールやらチューハイやらを買って詰め所で飲んでいますね。真面目に団の活動をするのとモラルを守るのとは別の問題という考え方なんでしょうかね」

## 行政の事なかれ主義の象徴

幽霊消防団員はこうした古いしきたりに嫌気が差し、自主退団を決意するかフェードアウトしてしまう人が多い。中には、入団まもなく期待を裏切られたかのように足早に消防団との関わりを避け、幽霊団員化してしまう人もいる。原因の追究はされないままだ。

一方、事例としてはまれだが、福島県郡山市は２０２０年10月、１年以上活動実態のない幽霊団員の調査に乗り出した。調査では、実員の７％を占める１６８人が幽霊団員化していたことが発覚し、協議の末、退団してもらうことになった。同様に、全国各地に幽霊団員が一定程度の割合で存在しているとみられる。

「詰め所のルールを例えば、飲酒は禁止ですよって変えるべきだと思うんです。市の監査にもちゃんと入ってもらって、中もちゃんと見てもらう。その上で、法的にどうなの？　という議論を公の場ですれば、少しは変われると信じているんですけど……」

浅井さんには、消防団をどう変えるべきかという質問を何度かしたことがある。しかし、毎回答えに行き詰まる。相談をしようと思って党や派閥を問わず、つてをたどって地元議員に連絡してみるものの、反応は鈍かったという。中には、返信が途絶えてしまう議員もいた。

「消防職員は一定以上の役職に就くと、消防団との付き合い方について学ぶ研修を開催しているんです。その内容を教えてもらったんですが、消極的というか、くれぐれも消防団との間に問題を起こさないように、ということが最初に何回も言われ、念を押されるようです。研修自体は悪いことではないと思いますけど、行政の事なかれ主義の象徴ですよね。分団でえらくなればなるほど、消防職員の対応も親切になるんです。

例えば、約束なしで近くの消防署に押しかけても、署長室でお茶を飲ませてもらえることもあって。対話は大事かもしれないですけど、ただ単に問題に触れないために目をつぶっているだけとしか思えないです。今度の署長、消防団担当の職員はどんな人かなって人事異動のたびに消防団にメスを入れてくれないかと期待をするんですけどね。こんな状態で、信頼関係があるとはいえませんよね」

消防団の組織風土に嫌気が差し、退団しようと思っても一度入団してしまうと手続きは一筋縄では進まない。退団する場合、分団ごとに内々のルールを決めているケースもある。浅井さんが所属する分団では、不正事案を口外されては困るなどの理由から、退団がすんなり認められる場合は少ない。

仕事の都合で他県に転勤となるケースでも、退団を考え直させるために慰留することがある。退団者側にとっては不合理でしかなく、精神的な負担は大きい。消防団との関わりを断ちきろうとして無活動状態が続いてしまうと、幽霊消防団員がいとも簡単に生まれてしまうのだ。退団を希望する団員の社会的地位などを見極めながら、疲弊するのを待ち、何度も慰留して退団が億劫になるまで説得を続けることもあるという。

「退団するにしても代わりの人を連れてきてくれないと。とりあえず、団に籍を置いたままでいいからしばらくゆっくり考えてみてよ」

そんな調子で依頼側に投げかけるという。消防団員の確保はどの団も頭を悩ませている課題だ。退団者が出れば、新たな団員を補充しなければならないことは退団者側も熟知している。退団希望者も再三にわたって願い出ているにもかかわらず、なかなか認められないことに辟易している。分団に在籍したままは気に食わないが、地域間でのいざこざに巻き込まれず、消防団との関わりが断てるのであればということで、納得できないまま自主退団してしまう。

また、そもそも退団交渉をしないまま、消防団の活動からフェードアウトしてしまう人もいる。結果的に両方のケースで幽霊消防団員が誕生してしまう構図だ。消防団員には退職金が支払われるが、個人に支給されているかどうかは各消防団によって差がある。

## １・２　21世紀のゾンビ？

### 「ちょっとした出来心」の慣習化

消防団のルールは、消防組織法で「市町村の規則で定める」としている。自治体ごとに、団長、副団長という構造で、その下に地域ごとの分団がぶら下がっている。分団は複数の「部」や「班」をまとめる組織で、末端の部や班は約10人の人数で運営されているケースが多い。浅井さんの部も、計15人いる団員のうち、１～２人は長期間活動実態のない「幽霊消防団員」だという。１分団あたり約１００人が所属しているため、部や班が違えば団員同士の交流はほとんどない。

幽霊消防団員という言葉はあくまでも、消防団員らによってつくり出された造語で、明確な定義はない。取材において、定義づけは難しかったが、１年以上、長くて2年にわたって活動履歴がまったくないにもかかわらず、報酬などが支給されている団員のことを指すようにした。自治体職員と話をしていると、

消防団の組織表

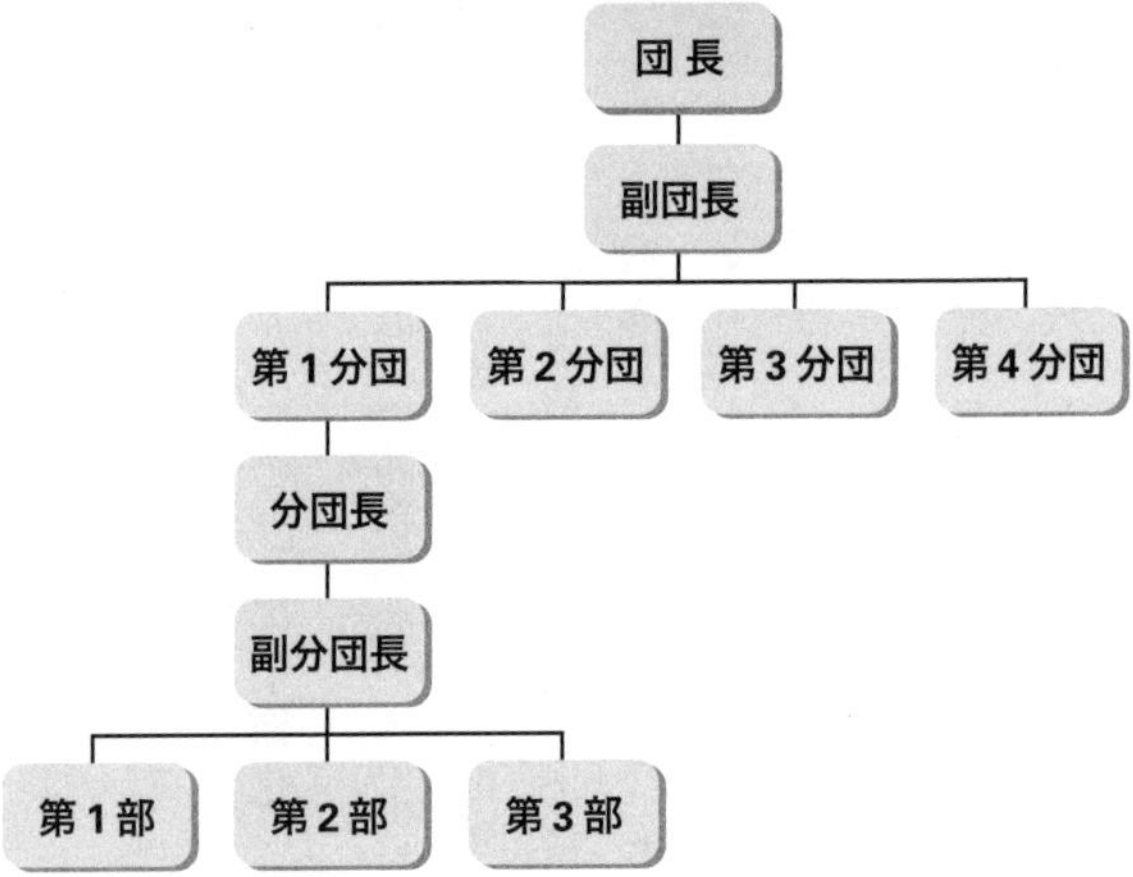


「幽霊消防団員のことを調べているんですか」

と聞かれることも多かったため、行政側でも定義は曖昧ながら幽霊団員の存在は認識があるようだった。活動実績が確認できなくても、行政機関の経理システム上では問題がないとして定額の報酬が支払われている。

そのため、本人が退団の意志を分団幹部に示したとしても、システム上の手続きが取られていない場合は退団の手続きは完了したことになっていない。うやむやになったまま、報酬や出動手当が支給され続けているという信じがたいことが起きている。

正式な退団手続きを分団が取らない理由の一つに、退団手続きを済ませると団の活動資金が減ってしまうという事情がある。退団者の発生は団にとっては不都合でしかない。

気になるのは、本来個人口座に振り込まれるべき報酬や手当が支給されなくなると、なぜ分団が困ったり運営資金が減ってしまったりするのかという点だ。その理由は簡単で、個人に支給されていないからだ。浅井さんも報酬・手当がまったく支給されないまま20年以上活動している。疑問に感じたことは何度かあったが、その分、飲み会などは自費で参加した記憶がほぼないので気にしないようにしていた。行政手続き上は、個人に支給されたことになっているが、支給方法を分団に委任する形式を取ることで、自治体から個人に報酬・手当が行き渡っているかどうか実態が見えなくなっている。

個人に支払うべき報酬や手当は消防団の活動資金となり、活動服や手袋などの備品に充てられているケースもあるが、不正が横行している分団では、その公金のほとんどが飲み会や慰安旅行の経費として使われている。浅井さんの所属する分団の会計報告書でも実態が浮き彫りになった。

「退団者が出てしまうと、団・分団の予算が減ってしまうため、少しでも運営資金というか、飲み会の原資を確保したいんですよ」

幽霊消防団員を生み出すことで、水増し請求が可能になる。自治体の担当者に気づかれないように、仮に1回の出動で5～6人参加すれば1～2人を水増し請求するという。ちょっとした出来心が長年、慣習化しているのだろうか。会計担当を務める浅井さんは、書類のチェックに目を光らせ、当事者を問いただすこともある。

## 幽霊漁協と同じ構図

浅井さんへの取材をきっかけに、幽霊消防団員の実態について、国会議員に相談したことがあった。ある与党議員は、

「幽霊漁協と同じ構図ですね。原子力発電所の立地地域近くには、実際に漁には出ていないけど、電力会社などから地元対策のお金が出ているという話は聞いたことがあります。名目は『漁業権』を買っていることになるかもしれないですけど、事実上、実体がない団体にお金が払われているということは、幽霊消防団員と似ている構図ですね」

新型コロナウイルスの感染拡大で消費行動が変容する中、コロナショックの影響で売り上げが簡単には以前の水準に戻らなかったり競争力を失ったりした企業とその従業員を、国のお金で支え続けると、「ゾンビ企業」が大量に生まれてしまう可能性があることが経済の専

門家などから指摘されている。

中小企業を所管する経済産業省も、ゾンビ企業が延命しかねないことに問題意識を持っていて、抜本的な対策を打ち出せずにいる。増えすぎたゾンビ組織は、企業だけに限らず、消防団にもいえるのかもしれない。社会変化に対応できない企業は淘汰される傾向がある中、果たして消防団も同じ道をたどるのだろうか。

## 1・3　不正請求のカラクリ

### **国民の目は不正受給に厳しいのになぜ？**

消防団員に支給される報酬・手当はどれくらいだろうか。調べてみると、ちょっとした副業の収入程度はもらえることが分かった。

消防団を置いていない大阪市を除き、道府県庁所在地45市の消防局・消防本部・一部事務組合では、活動実績にかかわらず、条例で定められた報酬（一般団員の場合、年間1万300

０〜５万円）が支給される。これとは別に、消火活動や訓練などへの参加があれば、１回数千円程度の出動手当が支払われている。階級が上がれば報酬の支給額も増え、10万円以上に上るケースもある。浅井さんの所属する分団では役職者になると、年間15万円以上の報酬が支給される。幽霊消防団員は、一般団員であるケースがほとんどで、手当の水増し請求頻度にもよるが、少なくとも１人あたり５万円以上が支払われることになる。

私は、いとも簡単に水増し請求ができることが不思議でならなかった。公金の不正支給に関して、国民の目は厳しい。例えば、新型コロナウイルスの影響で経営状況が悪化した企業に最大２００万円が支給される「持続化給付金」では、事業を実施していないにもかかわらず申告するなど、不正に申請・受給する行為が続出して、検挙もされている。

経産省は、不正受給と判断された場合の処置として、給付金の全額に、不正受給の日の翌日から返還の日まで、年３％の割合で算定した延滞金を加え、これらの合計額にその２割に相当する額を加えた額の返還請求と、申請者の氏名などを公表するとしている。

一方、消防団の報酬・手当の不正受給については、内容が悪質な場合には刑事告発が検討される場合もあるが、返還請求時にペナルティーの額が上乗せされるようなことは聞かない。

## 「信頼」につけ込む

浅井さんは詰め所の居間でパソコンを開き、団員の報酬や手当の集計資料の作成を始めた。各部からの報告をもとに統一フォーマットに記入し直す。作成した資料は期日までに所管する消防署に提出し、自治体の決裁が下りれば、指定の口座に手当・報酬が振り込まれる流れだ。本来であれば、活動対価として個人に支給されるはずだが、こうした事務作業も実質、無償扱いだ。

浅井さんは別の詰め所にも案内してくれた。今度は、住宅地外れの幹線道路沿いにあった。空き瓶やスナック菓子などが散乱している状態ではなく、コの字型に並べられた机とノートパソコンが数台あるだけだ。ただ、冷蔵庫の中をのぞくと、こちらもビール、チューハイ、焼酎などがそろっていた。真夏だったこともあり、ソフトドリンクを飲もうと思っても、近くの自動販売機に買いにいかなければならず、拍子抜けしてしまいそうだった。

詰め所で浅井さんが作成した出動報告書を見せてもらった。各部、班ごとにＡ４・１枚の用紙にまとめていて、縦列には部長、副部長、班長などと役職順に団員の名前が書かれてある。横列には、活動日の日付が書かれてあり、参加した日の欄に○印を記入する簡単なフォーマットだ。横列の端には、1月あたりの支給額の合計も書かれていた。多い人で2万円弱だった。

数年前までは、火災や訓練の出動時に点呼を取って、参加者の名前をメモしておき、後日まとめて整理していた。しかし、メモを紛失した場合は記憶をさかのぼって報告書を記入しなければならず、不正請求の温床になりかねないとして、携帯電話やスマートフォンを使った簡単な出動報告システムを導入した。デジタル化を進めたことで、以前ほど不正請求の数自体は減ったものの、特定の管理者しか出動報告の入力ができないため、分団によっては毎回1～3人を水増し請求しているケースが複数あるという。一般団員からは、報告の中身は分からない。

各分団がシステムを使って入力した内容などをまとめていると、仕事の都合で転勤していたり、体調不良などで長期間参加できなかったりする事情があるにもかかわらず、火災や訓練などに参加している団員が浮かび上がってくる。

転勤や体調がすぐれないといった個人にまつわる話は、飲み会のネタにもなるため、他の部や班の話でも勝手に情報が入ってくる。厳しく追及すると、団全体に変な噂が広がりかねないので、不正に疑問を感じても簡単な問い合わせをする程度にとどめている。

不正請求のカラクリについて、取材をもとに東京消防庁の幹部に伝えてみると、

「消防団との関係は信頼関係で成り立っている。記憶ベースによるいい加減な申請はないと思っているし、出された書類を信頼して手当を支払うしかない」

と毅《き》然《ぜん》とした態度で話す。ただ、幽霊消防団員や実際にその日の活動に参加していない団員の欄に架空の〇印をつければ、いとも簡単に不正請求が可能になる。東京消防庁の幹部の言葉を借りるならば、「信頼」につけ込んだ水増しが起きていた。

浅井さんによると、こうした不正請求は会計担当になった時からすでに始まっていた。以前は実際の参加人数より数倍に膨らまして請求する事例もあったが、幽霊消防団員の問題が明らかになりつつある中、極めて悪質な請求はほとんどみられなくなった。

不正を正したい思いはあるものの、地域から「村八分」にされる可能性を考えると、思い切って口火を切れない。階級社会のため、上級の団員にたてつくことは難しい。

「水増し請求をしている分団が一部にとどまっていることがせめてもの救いかもしれません」

と言いつつ、浅井さんは不満気だ。軽度の水増し請求は頻発している。

## 公金はコンパニオンの派遣費用にも

浅井さんはある特定の団員の不正請求が続いていることを不審に思い、その人が書いているブログをチェックし続けていた。すると、書類上は出動しているにもかかわらず、ブログでは仕事の都合で数日間にわたって他県に滞在していたことが明らかになった。浅井さんは、出動報告書とブログを照らし合わせながら熱心に説明してくれた。

「なんとか、この不正を表沙汰にしたいんですが袋だたきにあうのが怖くて」

問題の団員は、浅井さんとは部・班が違うものの、同じ分団に所属していて、さまざまな会計書類を次々に印刷しながら語ってくれた。疑わしい事例は、水増し請求だけにとどまらなかった。

例えば、ある研修会名目の旅行費は約175万円にも及ぶ。団員から一部会費を徴収していたが、団にプールした報酬・手当の約80万円が充てられていた。

特筆すべき項目は、支出の項目だ。宿泊費約44万円とは別に諸経費（懇親会330分）に63万円もの費用がかかっている。

「それは、コンパニオンの派遣代ですね」

即答だった。書類の表記は研修会と書かれているにもかかわらず、題目に関する支出はまったく見当たらなかった。他には、ビンゴ・景品代９万円、食事代12万円、交通費（大型バス）18万円、車中持ち込み飲食代７万円と並ぶ。会計書類は丁寧に事細かく書かれていた。支出報告書では、どの経費に報酬・手当を充てたのかは記載されていないが、こうした娯楽費に公金があてられている可能性は高い。

また、北信越地方で発生した火災の焼損範囲などを視察する研修会の見積書には、明確に「ご宴会費用　コンパニオン　単価１万６２００円　１２０分」と記載されていた。見積書の表題「大規模火災視察」とまったくかけ離れた内容になっていた。１・２次会の飲み会、カラオケ代と合わせると約35万円にも及び、１泊２日の研修旅行費の約２割が宴会費で占められていた。ちなみに、他の研修旅行と同様に、研修そのものの内容は記載されていない。浅井さんと同じ分団に所属する男性は、「この時は珍しく火災現場までバスで行ったものの、観光協会のガイドの人が地元を案内してくれただけだった」

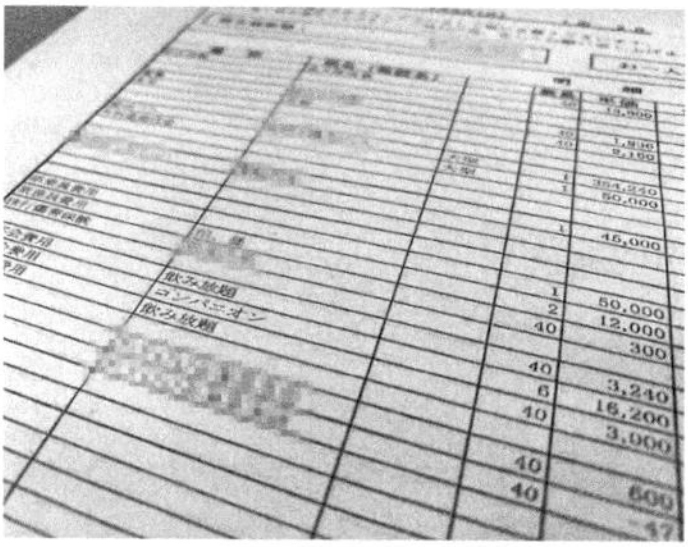

ある分団の研修旅行でコンパニオン費の支出を記した会計書類

ある年の収支報告書によると、分団自体の年間予算は約２５０万円。予算の内訳は、徴収した報酬・手当だけでなく、町内会からの寄付金なども含まれている。地域には使途が説明されていて、同意を得られているのか疑問が拭えなかった。

一方、予算の歳出を見ると、最も高い支出は必要な備品の購入ではなく、交際費の約70万円。次に、団本部の研修会の負担金（60万円）や、幹部研修費（50万円）と続く。こうした研修会や団本部負担金の中には、それぞれの忘年会や歓送迎会費も含まれていて、慰安旅行も該当する。約7割の予算が飲み会や旅行などに充てられていた。研修会名目の旅行は、形や参加者を変えて年に数回あることも判明した。この年、実際に操法大会費用や訓練費の名目の支出は、記載されている限りだと計25万円だった。

## 「研修」という名のどんちゃん騒ぎ

別の研修名目の旅行のスケジュールが記載された書類も見せてもらった。今度は、財務書類ではなく、団長宛に提出する申請書だ。分団だけの判断ではないことが見えてくる。

研修先は、東京都内の分団にもかかわらず、遠く離れた札幌市。１泊２日の研修のコースを示した欄には、「札幌市周辺観光」と書かれていて、案の定、研修らしき項目の記載はまったくない。目的欄には、「団員の結束及び操法大会の慰労」と書かれていた。申請書類には、分団員10人が参加するとも明記されていた。

分団の人数は15人程度。非常時の災害が発生した場合、平時より少ない人数で消火活動などにあたることを考慮すると、札幌市まで向かう必要性があるのか疑問だった。実際に研修に参加した男性によると、

「実は決裁書には記載していないんですけど、10人のうち5人は前乗り班といって、前日から来ているんです。研修は形だけで、一切行われませんでした。酒蔵の見学やジンギスカン食べ放題とか観光がメインで、中には夜が待ちきれず移動中のバスの中で酒を飲み始めている人もいたくらいですから。もちろんタダです」

コンパニオンの派遣は見送られたが、この研修名目の旅行にも報酬・手当などの公金がつぎ込まれている。

「なんでそうなるかっていうと、やることがないからなんですよ。私の所属する団の活動は結構多い方で出動・訓練が月6回あるんですけど、分団によっては月1回程度のところもあります。定期的に集まって訓練をやるといっても士気が保てないというのが言い分なんです。

結局、集まるための口実が酒や女だったりするわけで。不正請求も含めてコツコツ蓄えていく訳です。身銭を切らないためなんですけどね」

浅井さんや男性の指す「女」とはコンパニオンのことで、昔は風俗代にも使われていたという。消防団では、懇親会も兼ねて団員で旅行に行くケースは多い。男性の分団でも、基本的に日程は1泊2日で、これまで栃木や群馬などの北関東の温泉に向かうことが多く、北海道も何度かあった。団員の約半数が参加するそうだが、もちろん参加しない団員もいる。飲み会にしろ、不参加者の報酬・手当も充てられているというが、不満を声にすることは難しい。

夜の宴会の写真も見せてもらった。畳の大広間に女性コンパニオンを呼んで騒いでいる様子ばかりだった。デジカメで撮った写真をパソコンでクリックしながら1枚ずつ見せてもらったが、浴衣姿の男性が女性の胸や尻を触っている姿が目についた。男性が上半身裸になって、コンパニオンの女性を追いかけているように見える写真もあった。参加していた団員は中年男性が多く、若手の姿は見当たらなかった。

クリックし続けていくと、初めは着座で食事を楽しんでいたが、宴会の雰囲気は次第に収拾がつかなくなっているようだった。食事はそこそこで、男性が総立ちになってコンパニオンの女性を囲んでいた。女性コンパニオンにつがれたビールを立ちながら飲む男性のほほは赤くなっていた。1泊2日の旅行では、宴会をメインイベントと捉えて参加している団員が多いという。改めて、参加費用を聞いてみたが、原則タダだった。

## 「災害が起きた時に機能できなかったらどうするんですか」

「昔は、旅行の夜の飲み会で団員が全員全裸になるのがお決まりでしたし、そうしなければいけない雰囲気がありましたからね。消防団に入ったら、酒も飲めるし女性とも遊べるし、男にとっては甘い蜜なんです。勧誘時の誘い文句にすることも多く、遊べることに期待して入団する人が増えた時代もありましたけど、今となってはかなりの時代遅れで。消防団員は酒を飲むな、と言っている訳じゃなくて、その飲み方と節度、私費だったらいいんですよ。せっかく若い人が防災に関心を持って入団したとしても、期待を裏切ることにしかならないってことに気づいている幹部がどれだけいるのか」

現役の幹部団員でさえ、消防団の組織風土に疑問を感じている。写真の提供は差し控えてほしいということだったが、パソコンに保管されたデジカメで撮った写真は、数百枚以上にも及んだ。ページをめくっていくと中年の男性が女性コンパニオンの肩に手を回していて、女性の浴衣ははだけていた。ピントが合っていなかったが、奥には、瓶ビールや日本酒と思われる空き瓶が数本転がっていた。旅費は1人あたり毎年約5万円に及ぶという。

また、幹部団員は上部組織の団の研修会を含め、多くて年3回の研修会（慰安旅行）に参加する。飲み会も含めた段取りや手配は若手団員の務めで、ビールは缶や生ではなく、瓶ビールを用意しなければいけない決まりだ。男性はこう続ける。

「例えば、年に1回ある操法大会の後の打ち上げもそうです。市長や町長、地元議員といった人たちも来るんですけど、招待費用って自治体からの支出ではなくて、全部こっち（消防団）で持っているんですよ。その費用をどこから捻出するかっていうと、僕たちが災害や訓練で出動した時の手当や報酬。招待することが慣例になっていますけど、だからといって急に方針転換する訳にもいかず、ずるずると続いています」

個人に支給されるべき手当や報酬は、使い勝手の良い便利な資金になっている。消防団は火災や訓練以外にも、地域や自治体から年末の夜回りや花火大会の警備も頼まれることもしばしばある。自治体によっては、手当の支給対象外の活動だが、無償で協力を要請している。

「まずは、地域住民も含めて消防団の現状を知ってもらわないといけないと思うんです。災害が起きた時に機能できなかったらどうするんですか。出動できると思った人が実はいないとその時に分かっても遅いんです。あてにならない数字をもとに、災害対策本部のある自治体が指揮なんて取れる訳ないじゃないですか。幽霊消防団員や不正の温床をまずはきっちり整理することで、次の政策が打てると思いませんか」

浅井さんが所属する団の管轄には一級河川が流れていて、氾濫などの大規模災害が発生した際、水位の確認や避難誘導など消防団に求められる役割が大きい一方、十分に機能しなかった場合、被害が拡大していく可能性もあると危機感を抱いている。

不正事案は他にもあり、後援会費の不適切な使用、車両のガソリンや備品の購入の際に使用するクレジットカードの盗難紛失などの問題も発覚している。クレジットカードを巡るトラブルについては、

「ポンプ車の給油って、専用のクレジットカード払いなんです。そのカードを使って私用車の給油をする人もいるし、カードを使って娯楽チケットを買っている事案もあって。そんな明らかな不正がまかり通っているのが現実で。感覚が麻痺しているんです」

どういう動機でそれぞれの問題事案が起こったのかは分からないが、内部で問題視され、特定の団員が処分されたこともあった。しかし、自治体はそうした処分情報を開示しておら

ず、報道発表もされていない。関係者には口外しないように口止めをしているという。自治体の担当者は、

「総合的な判断で公表しないことになった」

と、何度聞いても同じ言葉を繰り返す。問題は次から次へと起きていて、自治体も火消しに追われている。

## 幹部による気の向くままの私的流用

消防団には、自治体から支給される運営費とは別に、自治会から後援会費も徴収している分団もある。部ごとの年間予算はまちまちだが、40万~200万円と幅がある。この中に含まれている町内会から徴収する後援会費も、当然団員には配られておらず、運用は部長や幹部団員の気の向くままに使われ、私的流用されている可能性も高いという。

消防団への寄付金（後援会費）を巡っては、2010年、横浜市の消防団が自治会からの寄付金を歳入せずに使ったことは不法行為だとして、市民団体が市に団へ損害賠償を求めるよう横浜地裁に訴えた事例もある。市は「自治会、町内会が行う各種業務」に対するもので

条例違反ではないと主張。しかし、消防団員は公務員でもある。判決では「慰労などの趣旨で直接寄付金を受領することは違法となる余地がある」と違法の疑いが認められた。判決を受け、14年に佐賀県唐津市が消防団の寄付金の受け取り禁止を決めている。

浅井さんが調査した限りでは、コンパニオンを呼ぶ旅行、キャバクラ、飲み会の資金の一部にも充てられていると見ていて、ある分団長に問題を指摘したところ、

「好意でもらったお金を何に使おうと勝手で、文句を言われる筋合いはない」

と一刀両断されてしまったという。後援会費の使途については、多くの消防団で消防備品や事務経費への支出は認めている。飲食も出動前後や訓練、点検時の軽食や、個人名ではなく消防団名義の慶弔費なら可能としているケースが多かった。

一方、日常的な飲酒や後援会の了承を得ていない交際費や新年会などの飲み会、コンパニオン付きの旅行やキャバクラ、風俗、個人的なローンの返済などは当然ながら認められていない。監査請求された場合、返還対象になるだろう。

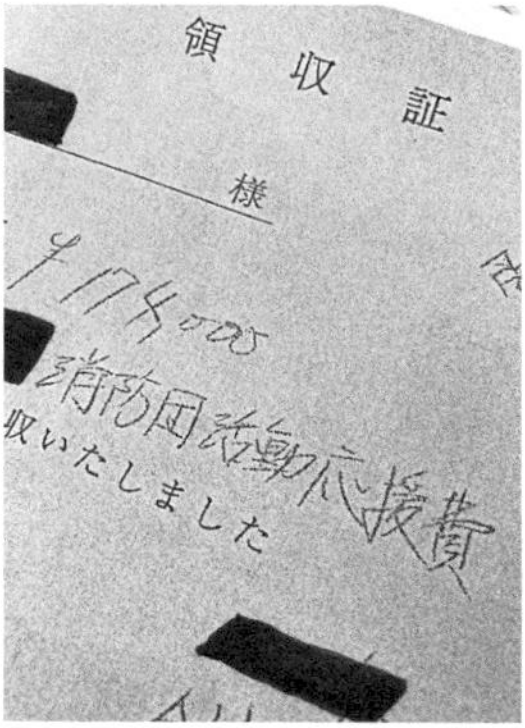

「応援費」の名目で地域住民からお金を受け取った領収書の写し

## 「負の連鎖」を断ちきれない理由

取材では、個人に支給されるべき報酬・手当の使途が大きく3つに分類されることが分かってきた。

①防火手袋などの消防活動に必要な備品
②訓練後の飲食代、活動中の飲料水など
③飲み会や旅行など娯楽の費用

公的・私的な性質の使途のものが混ざっていることが、問題を複雑化している原因とみられる。本来、自治体が税金で賄うべき性質の強い、防火手袋などの備品に関して、報酬や手当で補っている点は早急に改善していくべきではないか。

「さまざまな問題が発生するのは、基本的な消防団の体質が関与しているのではないかと感じています。団員名があれば金が集まる、名義貸しをする考え方はいい加減に変えていかなければいけない。幽霊団員や架空請求は増え、不正が後を絶たないという負の連鎖をなんとか断ちきりたいんです」

浅井さんと知り合って以降の3年間で、分団は違うものの別の複数の団員にも接触してきた。声を上げることができずに疑問を抱えている人は、一人や二人ではなかった。ただ、状況が良い方向に進展しそうになったことはあるが、結局平行線をたどっている。浅井さんを始めとする取材先は同じ言葉を繰り返している。

「不正事案があまりにも多いので、会議も開かれるようになりました。でも、改革に向けた意見がまとまらなくて、結局、慣例が最善策なんじゃないかという意見が出始めています。問題意識を持つことはいいんですけど、自分たちの行動と直接結びつけられないから何度も起きてしまうんだと思っています。過去の経験から学ぼうという思いと、やっぱりタダ酒を飲みたいという思いが無意識に混合しているんですよ。最近は、基本的なシステムに無理があるんじゃないかって思い始めています」

警察や検察に相談しようと思ったこともあるが、問題解決には至らない気がして踏みとどまっている。情報が地域に漏れてしまうことを恐れているからだ。そのため、弁護士会の公益通報相談を利用しようかと考えている。地元議員にも相談して話自体を聞いてくれる議員もいたが、派閥や党の方針と合わないと説明されてしまったという。

新型コロナウイルスの感染拡大で、外出や大人数の飲み会を控えようとする雰囲気が世の中に漂っている。一方、男性が所属する消防団では、２０２０年末に忘年会が開催された。延期や開催の中止といった議論はまったく出なかったという。個人に配られる公金が会費に充てられたのは言うまでもない。

## １・４　見て見ぬフリ

### 公金が何に消えているのか ―― 岡山市での実態調査

岡山市が２０１５～16年度、一度も活動していない３４８人の消防団員に計１４６０万円の報酬を支払っていたことが市への取材で分かり、18年5月に報じた。３４８人は、全消防分団が原則参加する年１回の訓練大会やその練習にも参加しておらず、幽霊消防団員の可能性があった。幽霊消防団員の常態化は、公金の流用、緊急時の団員不足などにつながりかねず、市消防局は報道後に実態調査を始めた。

長期間活動していない団員の存在が問題視され始めていた中、これだけ大人数の存在が判明するのは異例だった。市消防局によると、市消防団には17年度、４５７７人が全99分団に所属していた。市は、活動実績にかかわらず各団員に年２万１０００円（一般団員）の報酬を支払っている。また、団員が出動すると各分団長が市に報告し、出動に応じて市が団員に手当を支給する。全分団が原則参加して消火技術を競う年１回の操法訓練大会などへの参加も支給対象だ。

毎日新聞は、事実上退団しているにもかかわらず報酬が支払われている団員の存在を把握し、17年２月、市に調査を求めた。その結果、15〜16年度で全体の約８％にあたる３４８人は出動・訓練参加の報告がゼロだったことが判明した。

また、手当が支払われていない団員を単年度で見ると、15年度は６２２人、16年度は５６７人いることも発覚した。毎年、少なくとも実員の10％超の団員が確認できる履歴上、活動に参加していないことも分かった。

総務省消防庁の通達によると、報酬・手当は団員個人の口座に振り込むことになっているが、消防団の関係者によると、実際には分団側が口座を管理しているケースが少なくない。市消防局は、

「緊急時にどれだけの団員が配置できるのかは正確に把握する必要がある。実態を調査し、改善を検討したい」

とした。取材に取りかかった中で幽霊消防団員の男性に事前に接触した上、詳細を聞いていた点は大きかった。男性が所属する団では、報酬や手当を振り込まれる個人口座の通帳は分団が管理している。そのため、飲食・旅行に流用され、退団を願い出るも約5年間にわたって拒まれ続けた。通帳を再発行すると、無活動の期間で10万円以上の報酬・手当が入金されていた。

　市の財政課は幽霊消防団員の存在を知っているのか、不思議だった。後に明らかになったことだが、消防局に携わる職員でもこの問題を自覚している人が一定数いながら、見て見ぬフリをしていたのだった。取材で知り合った消防職員が打ち明けてくれた。

　市消防局の言い分は、活動報告がゼロだった３４８人全員を幽霊消防団員と位置づけることはできないということだった。履歴はないが、活動していると思う、ということだった。幽霊団員の存在は、全国各地で噂され、インターネットで検索すれば団員と思われる人の実体験がいくつも掲載され始めていた。

　ただ、こちらが調査依頼をかけるまでは、一定期間、活動履歴がない団員の実態は何も把握できていなかった。消防団から提出される出動報告書を見返す作業が必要なため、業務量が増えるとしてあからさまに煙たがられた。

「公金が何に消えているのか。市はしっかり調べてほしい」

男性は、約5年前に体調を崩して消防団に退団を申し出て以来、団員としての活動には一切関わっていない。岡山市に在住する男性は淡々と訴えながらも、机の上で拳をぐっと強く握る。2017年、消防団の報酬・手当が振り込まれる個人口座の入出金記録を取り寄せようと、最寄りの金融機関の支店を訪れてくれた。

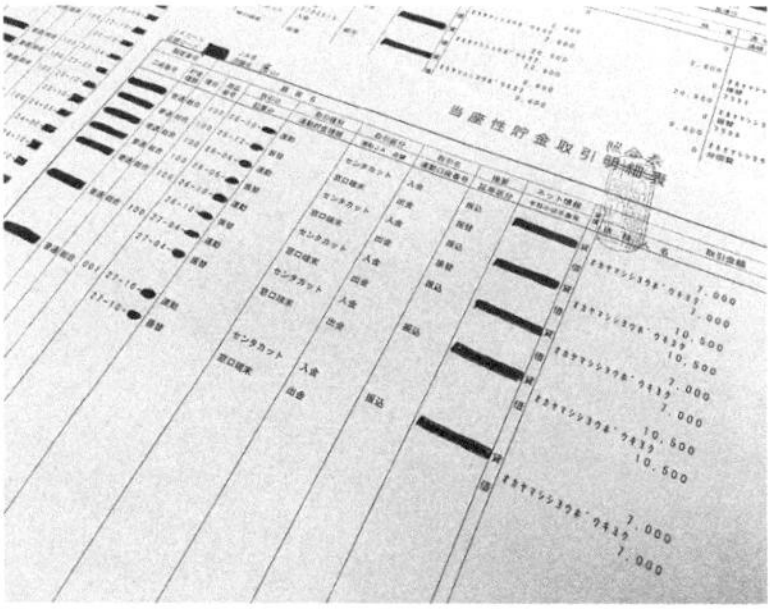
5年以上消防団の活動に参加していない男性の口座の明細書。毎年、保険料などを除いた1万7500円の報酬が市から振り込まれ、その後引き出されている

男性は知人の誘いで消防団の富山《とみやま》分団に入り、振り込み用の口座を農協系の金融機関で開設してキャッシュカードと通帳を分団長（故人）に渡した。まさか、分団で口座を管理するとは思ってもいなかった。分団が開く月1回の飲み会は、ほぼ強制参加。会場は分団の機庫の2階で、チラシ寿司やすき焼き、缶ビールなどが出た。飲食代は無料で、分団長に尋

ねたところ、

「みんなの報酬や手当で賄っている。お金はみんなのものだ」

と堂々と言われた。疑問を感じて口座の明細を見せてもらうよう求めたが、分団で管理しているとして拒まれたという。なぜ、自分の口座にもかかわらず入出金記録を見せてもらえないのか理解しがたく、不信感が募り始めた。

## 典型的な年功序列の組織

男性は、２００７年頃、消防団に入って活動している知人にしつこく誘われたのが入団のきっかけだった。

「話だけ聞いてみようかと思ったのが始まりでした。地域の人や分団長に話を聞いてみると『登録するだけで結構です』という説明だったので、それだったらという軽い気持ちで参加することにしました」

しかし、入団すると飲み会はほぼ強制参加で聞いていた話と異なり、戸惑うばかりだった。飲み会のほとんどは出動後や、新人の入団時の歓迎会を機に開かれた。団員歴が長い人の発言が重視され、典型的な年功序列の組織だった。新人は歓迎会でもてはやされるが、次回以降の飲み会からは買い出しや調理、片付けなどの雑用をメインで担当しなければならない。機庫で開くため、段取りについて細かい注文を受けた。分団長などのベテラン団員は始まりから終わりまで手伝うそぶりは一切なく、ずっと座りっぱなし。不満は溜《た》まる一方だった。

年に1回ぐらいは地域の公民館で、町内会長や婦人会のメンバーも参加した飲み会も開催され、飲食店を利用することもまれにあったが、他組織との交流を兼ねた飲み会以外は機庫で開かれた。飲み会の会話は、多摩地区の消防団と同様に地域や職場での噂話ばかり。男性が所属している分団は、公務員の比率が高かったので、中心メンバーの職場の話が中心だ。聞いていても登場人物の顔も知らない人の話ばかりの上、同じ話が繰り返されるため、退屈で気が滅入った。

入団後、飲み会が頻繁に開かれていたものの、訓練といえば数分で終わる程度。訓練なしで飲み会だけが開かれることも多かった。2～3年間、悶々としたまま過ごし、全国の実態がどうなっているのかインターネットで調べてみたり、職場の同僚や家族などに相談したりしてみたが、解決の糸口は何も見つからなかった。

何度も心が折れかけたが、支えとなったのは、自分名義の通帳の中身すら見たことがない

不都合さだった。疑問に思い、何度も口座を見せてほしいと依頼したが、

「団でしっかり管理している。飲み食いさせてあげているではないか」

と幹部から叱責されるのが落ちだった。飲み会への参加を拒もうと何度も思ったが、厳しかった。

「退団を拒んだのも、プールできるお金が減るからではないか。飲食代に使っているのなら税金の無駄遣いだ」

心の中で何度もつぶやき、消防団と関わることがストレスになった。私が分団長に直接取材した時の受け答えの内容を伝えると、温厚な男性が途端に語気を強めた。

男性はこれまで、退団できないことや個人に手当・報酬が支給されていない実態、分団で銀行口座を一括管理している状況の改善を野党ならと思って市議会議員に相談したが、まともに取り合ってくれなかったという。機庫で開催される飲み会には与野党関係なく、市議会議員が出入りしているため、なんらかの癒着があるのでは、という疑惑が自然と湧いてきたという。

「行政も見て見ぬフリで、相談しようと思ってもするところがない。どうすればいいですかね」

話を聞きながら、ただうなずくしかなかった。

## 公金を使う飲み会は必要!?

分団長に直接取材する前、男性とは何度か会って念入りに準備を進めた。幽霊団員の報酬・手当が不正請求されている証拠となる口座の明細をどのタイミングで提示すべきかが焦点だった。

チャンスは一度きりしかなかった。通帳を再発行したことが支店を通じて消防団に情報が漏れ、キャッシュカードや印鑑が悪用されたり、男性が地域で村八分にされたりする懸念があった。取材相手に判断を委ねたが、一任してくれたことは本当に大きかった。口座に入金されている金額は、報酬の額と合わなかったが、共済掛金の額が差し引かれて振り込まれていることが分かった。

男性には新規口座を作成した記憶をもう一度確認した。入団時、分団長の自宅に呼ばれ、まったく説明のないまま書類４～５枚にサインするように促され、言われるがまま署名したというが、それが口座開設や管理に関する委任状だったかは分からないままだ。

「少なくとも口座を作る説明はまったくなく、本人確認書類も渡していないのに、なぜ口座が作れるのか。口座の話は分団に参加するうちに、他の団員から噂を聞いて知ったんですが、口座開設のノルマに協力する意味もあって、本人の委任状や印鑑をそろえた上、関係性が明確であれば作れるということを教えてもらいました」

男性の報酬・手当が振り込まれる口座を発行する農協系の金融機関にも取材した。一般的に本人が同意をしていないにもかかわらず、口座が作成され、消防団の報酬・手当を引き出すことはできるのか。農協系の金融機関の担当者は、

「ご本人の確認が取れる書類の確認が取れた上で、申込書を作成している。ただ、ご本人自身が来られない場合は、代理人がご本人確認を取った所定の書類に捺印していただいたものを持参してもらえればそれでも受け付けています。それと同時に依頼書をもらって処理しています」

慎重に言葉を選びながら、何度も同じ質問をしてみても同じ回答だった。

男性は退団の申し出について、約1カ月間、集中的に分団長に願い出たが、頑《かたく》なに受け入れてもらえなかった。一方、分団の活動にまったく参加しなくなると、それはそれで出動率が低いと注意を受けることもあった。

「たまには分団の活動に参加していないと市や消防署から怪しまれることを警戒したのかもしれません。飲み会は毎回、派手に飲み散らかすので分団で一人数万円の報酬がプールできると、３〜４回分の費用のあてにはなりますしね」

正式に退団できていない証明として、入団後まもなくして配られる分団員の身分証明書も見せてもらった。だが、この身分証明書を返却しようと思っても分団長は受け取ってくれないという。

「体調のこともあったので、私はこの約５年間、団の活動には一切参加していません。なのに、バカみたいに公金を不正受給して飲み食いに利用していると思うと本当に腹立たしいです」

男性のみならず、他の団員が不思議に思っていないのか。素朴な質問をしてみると、「飲み会のお金を一切払ったことがないことをいいことに感覚が麻痺した人ばっかりです。公金という意識はまったくないと思います」

当時の分団長にあたってみようとしたものの、すでに亡くなっていたため、現分団長にあたってみた。市職員でもある分団長は取材に対し、団員には入団時に誓約書を書いてもらい、同意の上で口座を管理していると主張した。集めた報酬は分団の経費のほか、飲み会や旅行

の代金の一部などに充てているとも説明した。事実上退団した団員の報酬を使っていることについては、

「うちでは原則、後任を連れてこないと辞められないので団員という認識です。分団の責任ではない」

幽霊消防団員の存在を認めるような発言で、否定はしなかった。

辺りは住宅地と昔からの農家が混在している地域で、岡山市の中心市街地まで車で20分程度。通勤ラッシュ時は、渋滞が激しく、道路が狭かったり一方通行が多かったりする場所もある。地区の東端には人工河川も流れていて、水害が起きる危険性もある。もしものことがあった際、地域に詳しい消防団が果たすべき役割は大きそうだ。

男性に紹介してもらい、市内の他の消防団員にも取材した。すると、幽霊消防団員の存在をさらっと認めただけでなく、

「仕事も年代もバラバラな人たちがまとまって行動するには、日頃から付き合いを深めておくことが重要で、飲み会は必要。そのための軍資金としては仕方がないところがありますし、病気や転勤だったりするとそういう時は仕方なく欠員のままで、私が何人か声を掛けて入ってくる人がいたら入れるようにしているんですがね」

あたかもそれが当然のように口にする姿に違和感を覚えた。血税を使っているという認識はまったくなかった。

幽霊団員の男性は報道後、分団に通帳の返却を求め続けた。だが、なかなか返してくれず、約半年間にわたって同じことを言い続けた後、ようやく通帳などを返してもらい、退団手続きも済んだという。返却する際には、外部に口外しないように念を押され続けたという。そして、男性は消防団が活動するエリアから別の地区に住まいを移した。

## １・５　行政の鈍い反応

### 臭い物になんとか蓋をしたい

こうした幽霊消防団員の問題を受けて、全国では、長期間活動していない消防団員に退団を促す自治体もある。意味合いはどちらかというと、幽霊団員の実態把握というよりは、災害などの緊急時に、どれだけの人員が確保できるのかを常日頃から正確に把握するためだという。

消防庁は、再三にわたって、報酬・手当を団ではなく個人に支払うように通知・通達を出しているが、強制力がないため効果はなかなか波及していない。政府が消防団の実態調査に踏み込むことはこれまでなかった。

報酬・手当は自治体の予算に加え、国からの地方交付税が算入されているケースもある。ただ、全国で報酬・手当が毎年いくらかかっているのかという公表データはない。総務省の担当者は、

「あくまでも交付税の算定の中で基準財政需要額というものがあり、人口10万人に対して団員が５８３人いるという仮定で、年間２１７７万３０００円の予算が必要になるという計算に基づいた理論上の数値でしか把握はできない」

消防庁の予算概要資料を見てみると、消防団関連予算は約7億円（２０２０年度）で、女性団員の活躍を促進したり、大学生を中心とした若者の入団を促したりする事業には予算が手厚くなっている一方、報酬・手当が個人に支給されているかどうかの実態把握に関する事業はない。

例えば、静岡市では条例に基づき、半年以上活動履歴がない団員を本人と相談の上で退団

を促している。ここ数年は毎年百数十人が定年や自己都合で辞めているが、１割程度は活動履歴がないことが理由だったという。

また、神戸市は条例改正により２０１９年度から、病気や転勤などを理由に半年以上参加できない人のために休職制度を設けた。市消防局の調査では、16年度までに２～３年出動していない団員が計８人いた。「退団は手続きが煩雑なため、休職扱いにした」としている。

報道を受け、会議に臨む岡山市消防団の関係者ら

他方、岡山市消防局が活動実績のない消防団員に年２万１０００円の報酬を支払っていた問題を受け、市消防局と市消防団は２０１８年５月23日、市内のホテルで分団長会議を開いた。市内の全分団のうち約７割の分団が、報酬や手当が振り込まれる団員の口座の通帳を管理していたことが報告された。市消防団は不適切だとして、是正を求める団長通達を同日付で出した。

これは、毎日新聞が活動実績のない消防団員に報酬が支払われている問題を報道したことがきっかけになっている。

市消防局はこの問題を受け、団員の活動実態や、口座の管理状況について各分団長に聞き取り調査を実施。その結果、全99分団中67分団が、分団側で口座の通帳を管理していることが判明した。市消防団長は「適正な消防団を運営していく必要がある」と述べ、通帳を分団管理とせず、個人管理とするよう求める団長通達を出したことを明らかにした。

会議では、消火活動や訓練といった活動実績がないにもかかわらず、報酬が支払われていた団員が２０１５〜17年度の３年間で２３８人いたことも明らかにされた。

一方、このうち２１０人は、消火活動とは関係が薄い盆踊り大会などの警備には参加していたという。ただ、こうした活動は手当の支給対象外で、市には活動履歴が残っていない。今回の調査でも、各分団長へのヒアリングを根拠としていて、数字の意味合いに合理性はない。個々の記憶に基づいたもので、疑念を持たざるを得なかった。

市はメールなどで、団員一人一人に活動状況の確認をすればより正確な情報を把握できるにもかかわらず、調査に関しては消防団の幹部らごく一部の役職者に任せっきりになっていることが浮き彫りになった。

残る28人は仕事などの都合で一切の活動をしていなかったといい、２人は退団の意向を示したとしている。市消防局長は、

「報酬の使い方に課題はあるが、調査はしない。28人以外は規模の大きい災害が発生した場合、出動できるという認識を持っている」

と説明した。ただ、ぶら下がり取材ではマスコミから納得できないと激しい質問が繰り返されたが、回答は一辺倒だった。なんとかこの問題の幕引きを図ろうという魂胆が見え隠れしていた。

会議が開かれたホテルのロビーでは、市職員と消防団の幹部が報道に対する愚痴や言い訳を漏らし合っていた。反省しているようにはまったく映らなかった。

# 第2章

# パンドラの箱

江戸時代からの長い歴史を持つ消防団は、時代の流れに対応できずに団員数が減り続けている。少子高齢化やサラリーマン家庭の増加が原因といわれているが、強引な勧誘、飲みニケーションといった「ブラック職場化」の発生も一因になっている。

毎日新聞が2回にわたって実施したアンケート調査では、全国10万人以上の自治体で2年間にわたって活動履歴のない団員が５０３９人いて、大半が報酬を支払われていた。支払い総額は3億円超に上った。また、この調査では約4割の自治体で、個人に直接払われていないことも発覚。政府は繰り返し個人に直接支給するよう求めているが、あの手この手で消防団は支給方法の変更を避けてきた。

# ２・１　消防団のルーツ

## 始まりは江戸時代

消防団は近年、大きな転機を迎えようとしている。
戦後まもなく、消防団が誕生したが、そのルーツは江戸時代までさかのぼる。３代将軍徳川家光が、江戸で頻繁に起こる火事の対策として、火の用心を促す火災予防に関する「町《まち》触《ぶれ》」を公布して、厳罰で対処する取り締まりを強化したのがことの発端ともいわれている。

江戸城が消失したのをきっかけに、火事の発生や延焼防止のために、火消屋敷の設置や火事当番役を定めた「定火消《じょうびけし》」制度が誕生した。定火消は武士の旗本を頭《かしら》として３００人程度から構成され、江戸城周辺の防火対策にあたる制度で、今でいう消防署になる。常置し、常時、見張り番を置くことからそう呼ばれた。地域防災組織の性格を持っていて、町人屋敷から出火した時でも、江戸城に危険が及ぶことが考えられる時も出動。以後、定火消は、６組、８組、15組、８組、４組と増減を繰り返しながら幕末まで続いた。

江戸城下では、「火事とけんかは江戸の華」ともいわれるほど火事が多発していたという。火災の心配ごととして、治安の不安を引き起こす恐れがあったためで、火災の発生防止に向けて組織されたのが「大名火消」だ。江戸城さえ焼ける始末で、幕府は常設消防強化のため、譜代大名に命じて常設した。1717年（享保2年）、8代将軍吉宗の頃といわれている。消防制度はルーツとして、予防から始まった。各藩の大名屋敷の火災防止が主な目的とされ、名称は何度も変更されてきた。

しかし、定火消や大名火消は、江戸城や武家地に重点を置いた予防消防だったため、一般の町家に恩恵はなかった。江戸時代中期には、木造家屋の密集している地域において防火体制が再編され、1718年（享保3年）には町火消《まちびけし》組合を創設して防火負担の軽減を図る取り組みも広がった。2年後にはさらに町火消組織を「いろは四十八組」（初期は四十七組）の小組に再編成し、現在の分団のような組織形態となった。町人は町人の手で町家を守るという発想だった。この頃、瓦葺屋根や土蔵など防火建築の推進や火除地《ひよけち》の設定、火の見制度も確立された。

町火消は主に、とび職を中心に形成された。最初は町家の子弟や奉公人で組織されたが、屋根の上に登ったり重たいものを持ったりする必要があったため、とび職を充てるようになった。延焼止めの破壊消火（除去消火法）が主流で、消火道具も鳶口《とびぐち》や掛矢《かけや》、鋸《のこ》と呼ばれるものが主力だった。消防組織制度は江戸時代に始まったことは事実だが、あくまで将軍のおひざもとである江戸を中心とした制度のことであり、大名の領地や幕府の直轄領の地方では、制度のあるところ・ないところ、地方独特のルールなどさまざまな形態で委ねられていた。

## 「消防組」から「警防団」へ

この町火消は、１８７０年（明治3年）、東京府に消防局が設置されるとともに廃止され、消防組が新設された。明治政府になって初めて消防という呼び名になったが、この頃は消防の組織制度を全国的に統一できるまでには至っていなかった。そのため、火消は消防夫として半官半民の身分で採用された。

１８７５年（明治8年）、現在の警視庁に常設の消防隊を置くと、消防組は消防隊とともに、東京府内の消防業務を担った。ただし、３００諸藩の統治の名残を残す地方では、地方独特の消防制度が形成され、消防組はあくまで東京の組織にとどまった。その後、１８９４年（明治27年）には、消防制度の全国統一を図るため、「消防組規則」が公布された。この規則は大綱のみが定められ、細部については知事が定められるものとされた。こうして、消防団の原型の基礎が定まったといえるだろう。市町村にある消防組が、この年以降、全国津々浦々に誕生し、おおまかな指示系統が確立されていった。

消防団の前身である「消防組」は、第一次世界大戦に遭い国内の治安維持の第一線を務めた警察の唯一の補助機関として、その任務を遂行しながら発展していった経緯がある。とはいえ、当時、常設の消防組は東京・大阪にある程度。他府県に広がるのは１９１９年（大正8年）に主要都市に常設消防を設置すべく「特設消防署規程」を発布して、消防署の設置が義務づけられて以降になる。

そうした経緯もあり、明治以来親しまれていた消防組の愛称は第二次世界大戦中に警防団と呼ばれるようになった。大戦中の防空監視や空襲爆撃による救護活動などが任務だったという。

戦後、アメリカ軍などの占領軍（ＧＨＱ）から一方的に戦争協力機関だと見なされ警防団は廃止されたが、戦後の防災体制強化のため、１９４７年（昭和22年）勅令として消防団令が発布され、戦前の警防団は元の消防組ではなく、消防団として復活することとなった。翌年、消防組織法が施行され、消防の組織・運営・管理の責任が市町村長に義務づけられ、この流れは現在までほとんど変わらず続いている。今日における自治体消防のもとでの消防団の仕組みが整ったといえる。

政府の行政改革会議で、1府21省庁が1府12省庁に再編されたことで、2001年（平成13年）には、自治省消防庁から総務省消防庁に地方自治制度の所管が変わった。また、近年では、2013年（平成25年）に地域の防災活動の担い手を確保し、自発的な防災活動への参加を促進する目的で、消防団を中核とした地域防災力の充実強化に関する法律が成立した。

記者として火災現場に行くと、現場で消防団員の方々が法被や活動服、ヘルメットなどに身を包み、交通整理などをしている姿を見かけることが多い。時には消防団員に声を掛け、現場の様子を教えてもらうこともあった。住環境で火災が起きると地域住民にとっては何ごとかと心配でならない。そうした混乱を招かないため、消火活動だけでなく、現場の交通整理にいそしむ姿も見てきた。

前述したように、私自身、1995年（平成7年）の阪神・淡路大震災の被災者でもあり、2016年の熊本地震、18年の西日本豪雨では災害取材も経験した。現場で救助活動などに取り組む消防団員も目の当たりにしていて、団の必要性は大いに感じている。

予防火災への取り組みも実施していて、住宅用火災警報器などの設置対象となる住宅の数は膨大にあり、こうした家庭への設置は基本的に個人自らが設置・維持するものであるため、広報や普及活動が必要になる。消防署・消防局・地域の自治会と連携しながら、特に高齢者世帯について、災害に備えた自主防災活動も団は行っている。取材で明らかになった幽霊団員の報酬・手当の水増し請求などの問題は、一部の団だけの課題だと信じたい思いだったが、取材を広げていくと全国に波及している実態が浮かび上がってきた。

## 2・2　減り続ける担い手

### 市長・副市長、地方議員と同じ職種

消防団員は、訓練や消火活動を本業として生計を立てている訳でもなく、副業でもないため、曖昧な身分と思われがちだ。一見、ボランティア活動かと誤解することもあるかもしれない。しかし、ここまで何度か触れてきたように、実は特別職の地方公務員なのだ。

消防団とは、法律の定義に基づくと、消防組織法などで活動内容が定義されている。設置

するのは市町村で消防本部や消防署と同様に火災や風水害時のほか、大規模災害で救助活動などに従事する。

特別職の地方公務員とは、常勤・非常勤の区分はあるものの、市長や副市長、地方議員と同じ職種になる。そのため、行政処分で免職させられることもある。消防団に地方公務員法は適用されないものの、地方公務員法には、「地方公務員の職は、一般職と特別職に分けられる」とあり、「特別職は、非常勤の消防団員及び水防団員の職」と明記されている。消防団員が地方公務員として活動することは、地域防災の推進を図る上で住民からも理解を得やすくなる。公務員が消防団員になることは兼職に該当するが、職務の遂行によほどの支障がない限りは認められている。

消防団の仕事内容も法律で決められている。「上司」にあたる消防団長の指揮・監督を受けるとしていて、消防団への入団は義務でもなく、強制されるものではない。本人の意思によって入退団が自由とされている。設置する市町村ごとに、取り決めはさまざまだが、団長・副団長・分団長・副分団長・部長・班長・そして団員の7階級制が主流だ。それぞれの役割や権限などは市町村ごとの条例や規則で定められていて、他の公職に就いていても活動できるため、地方議員や自治体職員が団員になっているケースも多い。18歳以上70歳以下を対象者としていることが通例で、管轄市町村に住んでいる、勤務している、在学していることが条件になる。ただ、近年は担い手不足のため、例えば就職や転勤に伴って住民票の届出先が変わることによって、退団手続きをしないまま転籍してしまうケースもある。こうした場合でも、消防団や自治体が休退団届の手続きをしない限り、報酬は支払われ続けることになる。

## 有事と平時に分けられる仕事

消防団の仕事は有事と平時に分けられる。

（災害のある場合）

主に人命救助や避難誘導、救急救助などに加えて、警察や海上保安業務に対して協力要請を受けることもある。

①火災（建物、林野、船舶、車両火災など）

②風水害（豪雨、台風、洪水、河川の決壊など）

③その他（地震、津波、噴火、崖崩れなど）

（災害のない場合）

①住宅に火災報知器の設置を呼びかけるなどの火災予防の普及・広報活動

②災害時に備えた訓練活動

③活動服や消防車などの機械器具関連の点検

④地域の夜警などを実施する警備・警戒活動

このように、消防団は消防署で対応できない火災、災害、人命の救助・救出にあたるだけではない。

消防団の活動には地域のお祭りやイベントの警備も含まれていて、定義づけられた活動の範囲は大きい。だが、そのすべての活動に手当がつくかというとそういう訳ではない。お祭りの警備などは手当がつかなかったり、消防団の一部の人にしか支給されていなかったりするケースもある。地域活動は、交通整理や雑踏警備が目的ではなく、火災予防の啓発や消防団広報を名目としている。行政から見ると利用しやすい存在で、警備会社に委託するよりも

手続きが簡単で予算もかからないため、要請・協力依頼が多い。ある自治体職員は、

「報酬や手当も青天井という訳ではなくて、残業手当と同じように予算に上限があります。消防団にお願いすればコストも少ない、もしくはかからない場合もありますし、地元の人間関係や土地柄にも精通している。信頼していますが、見方を変えれば都合の良い存在といわれても仕方がない。報酬や手当の改革にメスを入れられないんです」

きっぱり言いきり、見て見ぬフリをするのが最善策だという。

## 消防団幹部に突きつけられる課題

消防団員の減少に歯止めが利かなくなっている。

市町村消防（消防署）の常備化が進んできた中、消防団は果たして必要なのだろうか。活動の在り方を疑問視する雰囲気が一変したのは、1995年の阪神・淡路大震災ともいわれている。地域の実情に精通した消防団は、生き埋めになった被災者の生活状況をこと細かに把握していたことが救助率の高さにつながったという分析もある。平時からの訓練に加え、住民の家族構成や年齢などの情報を共有していたことで、地域防災の中核として、消防団の

重要性が改めて社会に認識された。

消防団は、大規模災害時の消火、救助活動、住民の避難誘導といった初動活動で特に重要な役割を果たしていて、東日本大震災以降は、団の備品や予算強化に取り組む自治体も増えている。消防団員の待遇改善を求める声も各地で上がっていて、報酬や手当の基準額の引き上げが団員数の確保につながるとして、予算編成のタイミングに合わせて地方議会で提起されている。労働組合の中央組織である連合などが毎年の春闘の統一要求で、従業員の基本給のベースアップ（ベア）を一律引き上げるよう求める動きと似ている。

消防団員には活動に見合った報酬や手当を支給されるべきとして、処遇改善を求める一方、団員個人に支給されていない実情があるのはこれまで触れてきた通りだ。自治体は、「消防団員の定員、任免、給与、服務等に関する条例」を定め、報酬や手当などの費用弁償（給与）を個人に支給することを前提として規定している。そのため、処遇改善を図った場合、個人に報酬や手当が行き渡っているのか、分団ごとの会計状況を定期的にチェックする役目は市町村にある。

自治体によっては、条例に定められている消防団員の定数と実員数に開きがある消防団もある。政府としては、近年の災害の多様化、被害の大規模化から早急に団員数の確保を図るように促している。市町村は、条例定数を削減すれば組織再編の必要性が出てくることなどから、慎重に判断するとしている。容易に定数を削減できない現場の事情がある。結果的に「幽霊団員」を抱えることにつながり、消防団員からは、

「団員の充足率の基準を満たしていることにしないと役所に注意されてしまう」

と嘆く声も聞かれた。担い手の確保と退団希望者の板挟みにあう消防団幹部は、双方の課題を突きつけられる。厳しい団員確保が、幽霊消防団員を生み出す要因の一つにもなっているのだ。

## 進む団員の高齢化

消防庁によると、消防団員数は全国で81万８４７８人（２０２０年４月時点）と前年から１万３５０４人減った。統計がある１９５６年の１８３万２２２２人から半分以下になっている。30歳未満の若者のなり手は65年の45・４％から年々減り続け、12・２％。現在は、40歳以上が半数を占めている。消防庁は、地方公務員や国家公務員の消防団への加入を推奨していて、地域社会との結びつきが強い日本郵政の社員についても、加入を促している。

消防団員数の推移

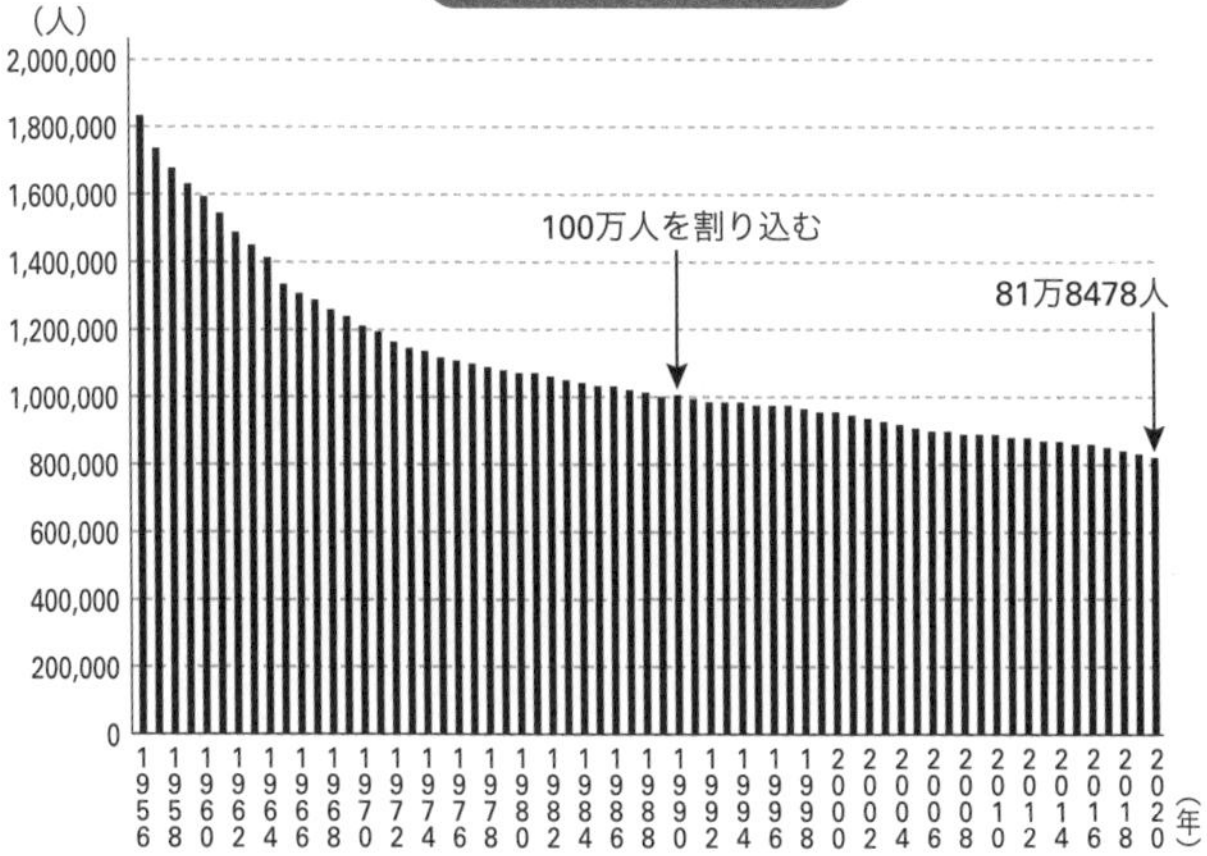


出典：総務省より　各年４月１日現在

自治体職員らが消防団活動に参加することは、地元住民とのコミュニケーションも生まれ、地域防災力の推進につながると期待される。ただ、公務員が消防団員として活動している場合、大規模災害が発生すると、自治体に設置される災害対策本部の運営と任務が重複する可能性がある。公務と団活動の棲み分けについて、ルールづくりが求められている。

団員数の減少は、若者が消防団に入団しなくなることに伴う団員の高齢化が主な要因として挙がる。１９７５年に33・３歳だった団員の平均年齢は２０１７年には40・８歳に上がっている。従来、これらの問題は、団員になる層のサラリーマン化と、地域コミュニティーの崩壊だといわれてきた。

というのも、団員の担い手は、かつては地域の農家や商店主の男性が多かった。また、公務員や地主らがなり手を務めている地域も多かったが、モータリゼーション（社会の自動車化）の影響で地域の中核都市への車通勤が増えたため、都市部・地方を問わずにサラリーマン家庭が増加した。

それは消防団の構成にも影響し、団員の職種にも変化がみられるようになった。平日、通勤に伴って地域外で働くようになると、地域との結びつきは相対的に希薄になる。その結果、消防団に入らない住民や他県に転勤したまま消防団に籍だけを置いている団員が増えたということが考えられる。

戦後、市町村に消防制度が導入され、市町村の行政が24時間体制で火災などに対応する消防署が整備された。住民が緊急時に集められ、消防団として活動する非常時消防と常備消防の併存体制が、全国の市町村において一般的になった。

ただ、共助体制ができたのは１９６０年代半ば以降のことになる。財政的な事情から災害時の対応ができる組織は市町村内に消防団しかない地域が多く、地域社会の中で消防団の重要性は、現在とは比較にならないほど大きく、男性が消防団に入団するのが当たり前という雰囲気があったくらいだ。その色合いの濃度は地域ごとに異なるものの、地域コミュニティーの崩壊、生活様式の変化などでインフォーマルな強制力が利かなくなり、消防団の人員確保が難しくなったことが団員数の減少につながっている。

## 減少に歯止めをかける切り札

団員数の減少理由については、こうした社会的背景以外にも要因があるという。総務省は２０２０年12月、団員の報酬や手当の支給方法に関する実態調査に初めて乗り出し、有識者による検討会を初開催した。会合では、委員のメンバーから、

「昔の消防団を知っている親世代が入れたがらない」

「（飲み会が多く、報酬や手当が個人支給されないことで）家族の理解が得られない」

など団員数の減少理由を分析する声が上がった。国や自治体も幽霊団員の存在を認知している。そのため、消防行政の専門家は「今まで泳がしてきた罪は重い」とも指摘している。

消防団は原則、１市町村１消防団制だ。消防団の下部組織として分団、１部、１班と連なっている構造だ。消防団は分団の連合体である。一部の幹部団員を除けば、横断的なコミュニケーションが取れる団員はまれだ。消防団の雰囲気や風土は入団しないと分からないのが

現状だ。

分団数の減少は、昭和、平成の大合併とも深く関わっている。人口や戸数の減少もあり、団員数にアンバランスが生じたことから、分団が再編成された。分団数は２万２３８８団（２０１９年４月時点）で、半世紀で約４割減った。しかし、分団がそれぞれのエリアで伝統的に関わってきた火祭りの行事や洪水時に沿岸部の水門の開閉などの職務は変わらず残っている。

消防白書によると、消防団員数が３万人を超えるのは５県。兵庫を筆頭に、新潟、福島、長野、熊本と続く。最小は沖縄県で、地方・都市部を問わずに活動している。団員数の歯止めをかけるための切り札が、個人に支払われる報酬・手当の私的流用だった。

「酒がタダで飲めて、女性とも遊べる」

こうした勧誘文句が、若い男性団員の確保に有効だったという側面があり、団員に欠員が出ても補充できると分団は考えたのかもしれない。入団理由は人それぞれだが、そんな誘い文句で気軽に入団した人も数知れずいる。

## 「ブラック職場化」

この問題は、外部に情報をもらすのをためらうため、関係者の口が異様に堅い。地域や職場で内部告発者が「村八分」にされる可能性があることと、問題意識を持っていても自分自身が飲み会などの参加者でもあるため、堂々と声を上げにくい。一度、参加すれば「共犯」扱いにされ、表面化しにくい。

ただ、価値観や娯楽が多様化し、若者は面倒な人付き合いを嫌がったり、自分の時間を大切にしたりする傾向が出てきたことで、勧誘や団員同士のコミュニケーションの方法も変わらざるを得なくなっている。取材では、若者らが消防団を敬遠する要因として、価値観の変化に幹部団員らが対応できず、消防団の「ブラック職場化」が発生しているという懸念が浮かび上がってきた。

関西大の永田尚三教授（消防・防災行政）は、「指導の目が甘いことが根源にあり、自治体は知らんぷり。報酬や手当のプール、無活動団員の常態化や架空請求が発生しやすいことが考えられ、不正がまかり通る組織風土と体育会気質に嫌気がさして辞めていく人がいても何ら不思議ではない」

と指摘する。報酬や手当の支給方法に疑問を感じる消防団員は全国で増えているが、相談や救済窓口はほとんどない。また、心に決めて、幽霊消防団の実態、報酬・手当が個人に支給されないことなどを役所に相談したにもかかわらず、職員から幹部団員に個人情報がすぐ漏れてしまうという話も聞いた。課題が多岐にわたるため、当事者間だけでなく、第三者を含めながら現状の解明を早急に実施する必要がある。時代に合った消防団へと改善していかなければ、共助体制はもたない。

　近年は女性消防団員が増加傾向にある。全体に占める割合はごくわずかだが、全国で約２万７２００人の女性が団に所属していて、多様化が広がっている。しかし、消防団員数の入団者数は４万３２６８人に対して、退団者数が５万６７７２人（２０２０年４月）と上回っている。直近２年は１万人以上の減少が続いている。近い将来に80万人を割り込む可能性が高い。

　総務省は20年12月に第1回目の会合があった「消防団員の処遇等に関する検討会」で、団員報酬や出動手当の額を増額し、団員数確保に努める考えだ。全国の首長宛に通知を出すなどして処遇改善に取り組むという。ただ、報酬や手当の引き上げよりも、先に手をつけなければいけない問題があるはずだ。

## ２・３　事なかれ主義

### 報酬が個人に支給されない３つのパターン

団員報酬が個人に支給されないケースは、市町村によっても事情は異なり、一概に言いきれないが、主に３種類のパターンがある。

①市町村から個人口座に支給されるも、口座を分団で管理している。
②市町村から消防団に支払われた段階で、団が一部ないし全額徴収する。
③団から下部組織である分団に支払われた段階で、分団が一部ないし全額徴収する。

もちろん、②と③が重複するケースもある。団員個人に対してほとんど報酬や手当が渡らないということが起きる。

総務省消防庁は、市町村に対して一般団員への年報酬３万６５００円、更に１回当たりの出勤手当７０００円として、地方交付税に算入する。一般的に市町村の税収と合わせて支給される流れだ。人口10万人の自治体につき、団員数５８３人という算定で、住民１人につき、年１万１４００円の税負担が生じている。

幽霊団員に充てられている額は、１０６兆円規模の当初予算を組む国家財政に照らすとわずかだ。しかし、税金が原資である以上、一円たりともごまかしは許されない。国からの地方交付税は、地方が真に必要とする費用を項目ごとに積み上げる基準財政需要額を基に算定している。「幽霊団員」を理由に国の予算を得ているとも捉えかねない側面がある。

地方交付税は補助金のように紐付き財源ではなく、市町村の自主財源（一般財源）に組み込まれる。地方交付税法には、「国は、交付税に当つては、地方自治の本旨を尊重し条件をつけ、又はその使途を制限してはならない」とあり、国は交付後の使途をたどれない。そのため、消防団員の手当・支給の総支出額のうち、地方税収と地方交付税がそれぞれいくらずつ計上されているのか分からない。

総務省によると、地方交付税が交付されていない自治体は、東京都と川崎市や三重県四日市市、茨城県つくば市など75市町村（２０２０年度）と限定的だ。大半の自治体には、地方交付税が交付されているため、報酬・手当にも充てられている可能性が高い。

②や③、またはその両方のパターンで、団や分団が親睦会などの費用としてプールするパターンは全国各地の消防団に根強く残っている。実際、長野県内の消防団員は、
「幽霊団員がいるから水増しやプールができる。３人しか火災現場に来ていないけど、５人分で請求する。それで運営が成り立っているんです」

と証言する。

「頻繁にある飲み会が面倒くさい」

「旦那がコンパニオン付きの消防団の旅行に行くのが嫌だ」

「変な噂があるから消防団には入らない」

といった書き込みはツイッターやFacebookなどのソーシャル・ネットワーキング・サービス（ＳＮＳ）を使って問題提起されていて、投稿は増えている。

年代を問わず、団員からの告発も増えている。たとえわずかな額であっても、時間の拘束などの正当な対価として、報酬や活動手当が欲しかったり、プールされた資金の使途目的が納得いかなかったりという消防団員が、実は多いということだ。

## 幽霊団員は34市で１５４８人

東京都と大阪府を除く道府県庁所在地の45市のうち34市で２０１５〜16年度、火災出動や訓練の活動実績がないのに報酬が支給された消防団員が１５４８人いることが、毎日新聞のアンケート調査で分かった。支払われた報酬総額は約７９００万円。活動しないのに消防団に籍を置いている「幽霊団員」の可能性があり、専門家は実態把握の必要性を指摘する。

アンケートは18年6〜9月、消防団を置いていない大阪市を除き、道府県庁所在地45市の消防局・消防本部・一部事務組合などを対象に実施。すべての消防が回答した。45市には10万２１２７人の消防団員が在籍していて、活動実績にかかわらず、条例で定められた報酬（年1万３０００〜5万円）が原則支給される。消火活動や訓練への参加があれば、それとは別に出動手当も支払われる。

出動手当の対象になる消火活動などへの参加実績がない消防団員数について尋ねると、岡山市が３４８人で最多。以下は、和歌山市１３７人、佐賀市１３４人、松江市１２４人、宮崎市１１４人。熊本市に至っては、17年度まで消防団員の出動履歴の管理はしておらず、データ自体が存在しなかった。各分団に一定額配る運営交付金の中から各団員へ対価を支払っていたというが、実情は分からない。条例改正に伴って、支払いを四半期ごとに行うようにしたという。

これらの団員には、手当の対象外である子どものお祭りやイベントの警備などに参加した人も含まれるとみられるが、実態は不明だ。高知市はそもそも年末警戒、出初め式、定例会などは出動手当の支給外としていて、自治体ごとに支給基準が異なる。年報酬の最高は奈良市の５万円で、前橋市の４万３０００円、神戸市の４万２５００円と続く。また、１万円台だったのは佐賀市（１万３０００円）、甲府市（１万７０００円）、長野市（１万８０００円）の３市だった。

一方、活動実績のない消防団員がゼロと回答したのは山形、横浜、金沢、名古屋、京都、徳島、那覇市などの11消防。

休団制度を設けている自治体もあるが、どこまで制度が認知・運用されているかは不透明だ。名古屋市では、半年に１回出動履歴を確認し、休務届けを提出してもらう仕組みで、一定期間を過ぎると退団を促すという。新潟市の場合は、６カ月以上、居住地を離れる場合は団員と認めない制度もあり、幽霊団員化の防止に向けて一定の抑止効果はありそうだ。

横浜市や京都市では消防団員の活動履歴を調べ、活動履歴がない人には報酬を支給していない。京都市では毎年約70人が未支給の対象で、比較的、都市部では報酬・手当の不正請求が起きにくいシステム整備が進みつつある。京都市の担当者は、

「予算の無駄を省き、災害時に出勤できる消防団員をより正確に把握するため」

としている。

## 自治体による支給額の差

アンケート調査は、道府県庁所在地の45市と限定したものだったが、報道後、他の自治体からも幽霊団員の存在をつかむことができた。茨城県桜川市で5年以上、消防分団の一員として活動する30代男性は、

「うちの分団幹部も複数の『幽霊団員』を出動扱いにして、手当を水増し請求している」

と証言した。男性が所属するこの分団では、3年以上活動していない団員が複数おり、

「歓迎会に来たきり、来なくなった人もいる」

男性がある消火活動に参加した際、分団長がこうした幽霊団員も出動したことにして消防本部に報告している声が聞こえてきたという。

同市では、団員への報酬や手当が分団や分団長の口座に振り込まれ、男性は入団以来、報酬や手当を一度も手にしていないという。

「行政も見て見ぬフリをしているのではないか」

この言葉は幽霊団員の関係者と接触するたびに何度も聞くことになった。同市防災課は、「事実関係の確認が必要だが、分団長の報告を信頼するしかなく、現時点で報告の仕組みを変えるつもりはない」

取材では告発者の詮索ばかりされ、事なかれ主義が垣間見えた。

また、調査は２０２０年12月に対象を人口10万人以上の２６４市（消防団員数：約21万７０００人）に広げ、２回目を実施した。改善がなかなかみられなかったためだ。その結果、活動履歴が残っていない団員は18年度に８３４９人、19年度に９５４１人いた。また、２年間にわたって活動履歴が残っていない団員は１１７自治体に計５０３９人いることが発覚した。報酬を払っていない自治体もあるが、大半が支払っており、支払い総額は計３億３３５万円に上った。

調査では、履歴を確認する資料がないなど、出動状況が把握できない自治体が愛媛県新居浜市など約１割を占めた。このうち、９割超が個人ではなく、分団が指定する口座に支払っていた。履歴上、無活動の団員がゼロだった自治体は約4割にとどまった。

首都圏や都心部の団員に支給される年報酬額は手厚い傾向で、処遇改善が比較的進みつつあるようだった。金額は各自治体の条例に基づいて定められていて、最大は、東京都小平市の17万4000円で、東京都小金井市（14万4000円）、東京都府中市（13万2000円）と続いた。

一方で、佐賀市や滋賀県長浜市、兵庫県三田市など10市は年報酬の額が1万円台と低かった。手当については、岡山県倉敷市や岡山県津山市のように1円も支給されない自治体もあった。財政状況によって、報酬や手当の支給額に差が生じているようだ。

## 徹底されない防止策

2018年に毎日新聞が実施した調査では、東京都と大阪府を除く道府県庁所在地の45市のうち4割にあたる18市が、消防庁の通知に反し、消防団員への報酬や手当を分団や分団長らの口座に一括で振り込んでいたことが分かった。近年、分団幹部が団員の報酬をプールして私的流用する事案が相次ぎ、消防庁は不正防止などの観点から通知を発令していたが、各地で防止策が徹底されていない実態が浮き彫りになった。

従来、多くの自治体では消防団員に直接支給するのではなく、所属する分団や分団長にまとめて渡していた。しかし、実際には各消防団員に行き渡らず、分団の旅行や親睦会の費用に充てられるケースが少なくなく、中には分団幹部による私的流用も起きた。このため消防庁は2005～19年、報酬や手当を個人の口座に振り込むよう繰り返し全国に通知を出した。通知に強制力はない。

これらの各消防は、報酬・手当の受領を分団に任せるとの委任状を消防団員から受け取っている、各団員には分団などが個別に支給している――などと説明しているが、実際に各消防団員へ報酬や手当が渡ったかを確認している消防は少ない。水戸市消防本部の担当者は、「各団員には分団などから支給されていて、受領印をもらって確認もしている。消防団側には『(一括振り込みでも)自分たちは不正をしないから』という意識が強く、振込先の切り替えに理解が得られない」

としていた。水戸市は、報道後の19年4月に報酬のみを個人口座払いに変更した。手当については、分団口座に支払われる方法が続いているが、一歩前進したといえそうだ。

2020年、消防庁の通知に反していた18市の消防に再度、支給方法について再調査したところ、18市の９割に当たる16市が依然として支給方法を変えていなかった。

消防団員は地方公務員法の適用外だが、行政職員の給与は全額を直接支払わなければいけない、としている。公平性の観点から扱いを統一すべきだという声が政府内で高まっている。

## 置き去りにされる納税者の目線

２０２０年９月に発足した菅《すが》義偉《よしひで》政権では、「デジタル庁」の設置をはじめ、行政手続きのデジタル化とペーパーレス化に舵《かじ》を切り、依然として残る行政文書への無駄な押印を減らす方針を示している。消防団活動における、報酬・手当の支給においても「脱ハンコ」が進むのだろうか。茨城県内のある30代の男性団員は、

「受領印をついた記憶は一度もない」

と証言する。個人ではなく分団の口座に報酬・手当が支給された後に個人から受領印をもらうことになっているが、幹部団員が一括して押印しているという。委任状の提出を受け、報酬・手当の受領に関する権限を一任された幹部団員が各団員のハンコを管理しているという。

「到底、納得できるものではないけど、私一人が声を上げたところで討ち死にしてしまうだけ」

また、問題が起きていることを認識しながら、実態の解明や改善策に踏み込まない消防庁に疑問を呈する団員もいた。50代の元団員の男性（和歌山県）は、

「自治体が消防団の業務を監督する力はもはやない。年2回は必ず団の活動に参加しないと除名処分にするなど、国が統一的なルールをつくらないと公金の無駄遣いは止まらない」

とクギを刺す。是正すべき点を改善しないと新規入団の希望者が寄りつかなくなると訴える。

２０２０年に人口10万人以上の自治体（２６４都市）に実施した調査では、団員への報酬や手当が、個人ではなく分団や分団長らに渡っていた自治体が４割超の１１５市に達した。なぜ国の通知を無視するのか聞くと、「消防団からの強い要望」（北海道旭川市や大阪府箕面市）、「事務の簡素化のため」（福島県会津若松市や静岡県藤枝市）などの回答が目立った。一方、改善に動く自治体もあり、千葉県印西市など少なくとも10市は21年度以降、支払い方法を個人口座払いに変更するという。

また、愛知県半田市や愛知県豊川市は分団ごとに手渡しで支給していたり、岐阜県大垣市

や神奈川県伊勢原市などは報酬を個人口座、手当は分団口座払いにしていたりと、複雑な形態を取っている自治体もあった。政府の通知と消防団からの要望の板挟みにあい、無難な落としどころを探っているようだった。

2回の調査はそれぞれ1カ月弱を回答期限とするようにしたが、報酬や手当を個人口座に支給していたり、定期的に無活動の団員をチェックしていたりする自治体からの回答は比較的早かった。消防団の規模にもよるが、分団口座にいったんプールして個人に支給している自治体からの回答は全体的に遅かった。個人口座払いにしていない自治体に限って、無活動の団員数を出し渋ったり、抵抗したりすることが多かった。中には、憤って回答を拒否する担当者もいた。納税者の目線が置き去りにされていた。

## 口を濁す自治体の担当者たち

自治体の担当者は、幽霊消防団員の存在を認識しているからこそ、発覚することを極度に恐れている。取材では、自治体名や個別の不正事案が明るみに出るのではないかと警戒心が漂っていた。無活動の団員数はゼロ人という回答をいったんもらったにもかかわらず、幽霊団員と接触していることを東京都町田市の担当者に伝えると、数字を訂正し直す場面もあった。後ろ向きの姿勢を象徴しているようなエピソードだ。

話は少しそれるが、新型コロナウイルスが感染拡大する中、企業の支援策について取材をしていて、経済産業省の幹部に中小企業の窮状を伝えると、目を見開き、手帳にメモをなぐり書きする姿が印象に残っている。また、別の幹部からは、

「(支援策とその支給方法について)何かいい案ないですか?」

と逆取材されることもあった。しかし、計2回の実態調査で、幽霊消防団員の解消や消防団を巡る組織の在り方について自治体職員から相談されることは一度もなかった。根本的な無関心さが少し腹立たしくもあった。届いた回答を整理していると、自治体側は、近くの道府県庁所在地の消防局・消防本部・一部事務組合をモデルに支給方法や報酬額を調整している傾向が見えてきた。取材では、千葉県のある市のように、

「(千葉県)●●市さんや△△市さんとも話し合った上で、回答しないことにしました」

と調査の回答を周辺の自治体と相談し合い、足並みをそろえようとしていた動きも判明した。そう伝えられた時点で、すでに両市から回答を受け取っていたことを伝えると、発言は撤回され、後日回答も提出された。報酬・手当が個人に支給されずに泣き寝入りするしかな

い団員の心情をどう考えているのか、見過ごせない行為だった。

　兵庫県明石市は、２０１９年度から報酬・手当などの振込先を分団から個人口座に切り替えたところ、19年3月までに個人口座を申請せず、連絡も取れない団員が12人いた問題が発覚するなど、政令市以外でも幽霊団員の存在は表面化し始めている。その後、うち４人とは連絡が取れたというが、直近2年間で実績が「ゼロ」の団員が10人いて、最長で4年間も、実績がまったくない団員がいた。転勤するなどして普段は市内に住んでいないのに、退団手続きをしていないケースなどがあるとみられる。同市消防局のある幹部は、

「例えるならば、『飲みサークル』のような消防団があるのは事実。全部がそういう訳ではないけど、ごく一部の消防団は活動そっちのけで公金を使って、飲み食いばっかりに金を使っている」

　と愚痴をこぼす。２０２０年に実施したアンケート調査では、明石市の担当者は、消防団と相談した上で回答を差し控えるとのことだった。唯一無二の答えで驚きを隠せなかった。また、同様に東京都や岡山市も、活動履歴のない団員数についての回答を拒否した。消防団を巡るさまざまな問題が起きていても、消防団幹部に配慮し続ける内向きの姿勢はなかなか改善されていない。情報開示を求める団員の声は、ＳＮＳや報道機関を通じてしか上げるこ

とができないのだろうか。

## 2・4　ブラックボックス

### 改善が進んでいる自治体はごくわずか

この問題は本当に一部の異例な問題に過ぎないのだろうか。

取材を続ければ続けるほど、個人に報酬・手当が行き渡っていない事例が発覚した。市町村や消防庁も、消防団の課題に見て見ぬフリをしているだけでは何の解決にもならない。消防団員の人気は下がり続け、せっかく確保した団員もすぐ退団してしまうのが目に見えている。消防組織法を確認してみても、委任状を提出させることで個人ではなく、分団口座に支給して良いということは一文字も書かれていない。この支給方法に法的な根拠はない。

自治体が支払う消防団員の報酬・手当が、団にプールされるなどして個人に直接支払われていなかった問題は、岡山市の事例などを毎日新聞が報道して以降、少しずつ全国各地で表面化しつつある。消防庁は再三にわたって各自治体に通知を出しているが、実際に個人口座への支払いに切り替わるなど改善が進んでいる自治体はごくわずかにとどまる。

直近だと、２０１９年12月に各知事・市長宛に通知・通達が出された。

「消防団の活動実態に見合う適切な額の年額報酬や出動手当を支給する必要があるため、地方交付税単価を踏まえ、年額報酬や出動手当を引き上げること。特に、年額報酬が1万円未満の市町村においては、原則として、令和4年3月末日までに、その状況を解消するための引上げを行うこと。また、消防団員に対する年額報酬等の支給方法については、消防組織法第23条の規定に基づき、各市町村の条例で定められているところ、年額報酬等はその性格上本人に支給されるべきものであることを踏まえ、適切に支給すること」

としている。

消防庁によると、２０１７年度は全国の消防団員に報酬・手当として計４８１億円が支給され、予算の使途が自治体の裁量に任されている地方交付税と地方税収で賄われた。地方税収だけでは、とても賄いきれないのが現状だ。しかし、幽霊団員を利用した架空請求や個人に支給されずに親睦会費などに私的流用されていて、予算が適切に行き渡っているかは閉ざされている。

総務省は消防財政として１兆６０００億円前後を地方交付税として交付。足りない運営費の穴埋めとして、各団で報酬を徴収してプールしている実態は見過ごされている。ブラックボックスのような消防団に流れるお金の流れを透明化することなしに、共助の担い手は集まらないことは国や自治体も認識している。ただ、正論と実情は乖離していて、国は問題と向き合うことをためらっていた。「あくまでも自治体の条例に基づいて支給するため、我々が踏み込むべき問題ではない」（総務省幹部）と主張していた。国は自治体任せにせず、所管官庁として必要な額を交付している以上、不正防止に本腰を入れて取り組むべきだという団員からの声も根強い。一方で真面目に活動していたり、個人に報酬・手当が適切に支給されていたりする団員からは、定額の引き上げを求める声があり、事情は思った以上に複雑だ。

## 内部告発

報酬や手当を巡る不正や告発は各地で絶えない。

鳥取県との県境に近い岡山県真庭《まにわ》市消防団の現役団員が、運営資金の不透明さなどについて２０２０年６月に内部告発した。

真庭市の消防団では、階級ごとに年1回の定額報酬、それに加え、訓練や会議などに出席するごとに手当が市から支給されることになっているが、男性も他地域の団員と同様、これらの報酬・手当が直接支給されたことはなかった。分団からの説明では、下部組織の「部」に所属団員の報酬相当額がプールされており、活動に使う手袋や電池、訓練時の弁当代などに使っているため、個人には渡っていないという。

直接支給されないことの根拠になるのは、消防団が市に提出する「委任状」だ。男性も、上役の指示で毎年、年末になると委任状に団員の印を集める作業をしているという。こうした委任状は情報公開請求で開示請求できるため、我々報道機関だけでなく、地域住民でも内容を確認することができる。

委任状には、各振興局の地域振興課長または危機管理課長を代理人とし、報酬や旅費などの請求、受領に関する一切の権限を委任する旨が記されていた。これに基づき、報酬は分団の会計係の口座にまとめて振り込まれているという。危機管理課の担当者は、

「何か問題が生じた場合に行政の立場として仲裁できる」

としていたが、報道後は手続きの見直しも含めて検討しているという。

なぜこのような支払われ方をしているのか。同じ、危機管理課の担当者は、

「市町村合併もあったので、それぞれの地域に合ったやり方を団員の意向を受けてやってきた」

とのことだったが、問題が改善しない背景には独特の「圧力」があるといわれている。手続きの見直しは進んでいるのか。報道から約4カ月後に担当課に問い合わせをすると、

「委員会を立ち上げて、実態調査を始めました」

最初は威勢のいい口調だったが、取材を進めていくと調査は団の会計担当の幹部団員が一般団員に個人支給すべきかどうかを問う内容で、団に一任した調査であることが判明した。当事者間だけの調査で問題が明るみになる訳がない。担当課の職員は、

「（消防団と）一緒に取り組んでいくとしか今は答えることができません」

と何度もコメントしたが、具体的な見直し内容は何も出てこなかった。調査に後ろ向きなのは明らかだ。告発した男性含め、問題提起する団員は、個別の事案のみならず、抜本的な改革を望んでいる。不正や形式的なことに疑問を持ち、意義ややりがいのある活動を心置きなくできるようになりたいという願いがある。

調査は外部の有識者を含めるまでもなく、自治体職員の関与もほとんどない状態だ。地域のしがらみが気になり、事を荒立てたくないという姿勢が透けて見える。男性も消防団自体

を否定している訳ではなく、「まちを守りたい」という思いで志願して入団したという。体質改善は団のみならず、自治体にも同じことがいえ、内部告発をしても容易に変わりがたいことを物語っている。

市町村や国も、地域住民間のトラブルに関しては介入しにくいというスタンスを取っている。しかし、消防団員は地方公務員である以上、簡単に地域間の問題として片付けてよいのだろうか。消防団は、居住地域に密着した組織なだけに、団員が告発するには勇気が必要だ。万が一、告発者の身元が明らかになってしまった場合、日常生活で不利益を被る危険性もあるため、ためらう人は多い。内部告発した団員に取材してきたが、勇気を持って声を上げたとしても、自治体が本気になって改善に乗り出した事例はほとんどなかった。誰もが職員の対応に不満を抱いていた。同じような問題を抱えた団員同士が、広域的に連帯して声を上げるという方法も考えられるが、消防団が市町村内で完結した組織であるため、なかなか輪が広がっていかない。団員は身分上、団結権が認められないという都合も足かせになっている。

## 議会対応で改善も

２０１８年に毎日新聞が実施したアンケートで、無活動団員が８人いる可能性があると答えた静岡市消防局でも報酬・手当を巡る問題が表面化した。静岡市は19年、分団の口座に振り込んでいる消防団員の年額報酬の支払い方法を廃止し、団員の個人口座に振り込むように改めることを市議会本会議で明らかにした。議会で取り上げられ、異例の対応が取られた。

静岡市の消防団員は、災害や訓練に出動した場合、実費として手当が支給され、役職などに応じた年額報酬が支給されている。団員の年額報酬は３万６５００円で、18年度の総額は約２億６２００万円。市は消防団に約１億円を助成している。

市内には65分団あり、20年４月現在の団員数は実員約２４００人。静岡市でも、分団は入団時に団員から退団するまで、「市から受ける報酬の受領権限を委任する」とした分団長名の委任状を取っていた。

議事録によると、市議会本会議の質問で、市議が、「報酬が分団にプールされ、懇親会などに使われている。長期に活動を休んでいる団員にも報酬が支払われている」と指摘し、実態調査を求めた。これに対し、消防局長は、個人口座への振り込みに変更する方針を明らかにした。改善案まで踏み込んだケースは珍しい。しかし、分団から個人に報酬が支払われていることは現在も受領印によって確認されているなどとして、実態調査については実施しない旨を示した。

市消防局は今後、より確実な在籍確認のため、本人直筆の委任状を毎年提出することや、分団から団員に報酬が支払われていることを明確にするため、次年度から受領した本人のサインを取ることを進める方針を明らかにした。

### 「なんで僕らがタダ働きしないといけないんですか」

静岡市では、別のタイミングで、消防分団の役員を経験した現役団員が、訓練や火災があっても出動しない「幽霊団員」が存在することを指摘し、問題が明るみになった。この団員が所属する分団では、幽霊団員が「出動した」とする虚偽の出動報告書を作成し、手当を市に請求していた。手当が過大に支払われた可能性があるが、市消防局は幽霊団員の存在を把握していないと否定していた。

分団で保管している出勤簿には、出動回数を正確に記録していたが、市に提出する出動報告書は実際と異なり、幽霊団員も訓練に出たと偽って提出していたという。手当の支給について、例えば火災予防広報は、団員１人２回までなどと活動ごとに上限回数が定められている。

　上限回数が定められていることについて、総務省の担当者に伝えたところ、驚いた様子だった。こうした事実は把握できていないようだった。

「同じ出動でも参加者全員に手当が支給されている訳ではないということは知らなかったです。市町村の正式な消防団という側面と、地域の便利な消防団という側面が混合しているからだと思います。警備会社に頼めばいいところ、地域の警備を消防団にお願いして、『なんで僕らがタダ働きしないといけないんですか』って声も聞くんですよ。線引きを明確にして、直していかなければいけない問題ですね」

　地域によっては活動ごとに全員に手当が支給される訳ではなく、数人分の手当しか支給されないこともある。そのため、出動報告書は幽霊団員も含めて、上限まで出動したことにして手当を請求することもあるという。

　幽霊団員の存在について市の担当者は、

「２０１５、16年度の２年間、活動履歴のない団員は８人いたが、活動する意思はあることを確認した。分団とは信頼関係がある」

市消防局によると、8人のうち3人は本人に活動の意思があるか確認した上で活動しているが、5人は正式に退団したという。

分団との信頼関係という言葉は、取材をしていると他の自治体でもよく耳にした一方、信頼関係とは何かと問うと言葉に詰まる担当者がほとんどだった。自治体職員の担当者は、数年置きに配置変えになる。触れてはならない、パンドラの箱を開ける訳にはいかないようだ。

## ネックは旧態依然のシステム

静岡市から西に約85キロ離れた浜松市でも同様の問題が起き、表面化した。消防局は19年、消防団員の報酬の支払いについて、分団が指定する口座に振り込んできた従来の方法から変更を表明した。20年4月1日から実施していて、金銭を巡るトラブルを防ぐためだと説明している。

同局消防総務課によると、これまでは所属する団員分の報酬を一括で分団に振り込み、その後に分団長が団員に渡し、一人一人から自筆と受領印付きの領収証を受け取る運用をしてきた。領収証は７つある消防署で保管している。

「領収証を書いてもらうのは団員に負担をかける。市の事務的な支払いの作業は増えるが、受け取る団員の負担は軽くなり、お金をなくすようなこともなくなる。今どき、個人口座に振り込むのが素直だ」

分団口座から個人口座に切り替えができていない福岡県大野城市では、火災などの災害が発生するたびに事務職員も現場に出動し、現場で活動する消防団員の人数を確認している。後に上がってくる報告書の人数との整合性を確かめるためだ。不正請求の防止には、浜松市のように、請求から支給までのプロセスをシンプルにすることが重要だが、市町村はなかなかきっかけをつかめずにいる。結局、なにかしらの不正問題が発覚しなければシステムの在り方を正せないのかもしれない。

浜松市では18年４月、消防団の研修旅行の費用の一部を公費で負担していたことが、市の外部監査で明らかになった。多くの自治会が地元消防団に寄付金を渡していたことも判明し、包括外部監査人も、市に適切な対処を求められていた。外部監査から指摘を受けても、改善に向けた検討がなかなか動き出さない自治体は意外にも多い。浜松市は監査・行政システムが機能している事例ともいえるだろう。

外部監査では、２０１６年度の市の消防費に関する事務について調査。旅費の支出など27項目で市に改善を求める指摘をして、37項目で意見をつけた。監査結果報告書などによると、防災センターの視察など研修旅行について、一般の市職員には公費負担の制度がないにもかかわらず、消防団には１人１万円を上限に市から交付された公費の使用を認めていた。16年度は79分団のうち、64分団で１６５３万円が使われた。

報告書は、退職報償金と公務災害補償金の各共済制度にも触れた。市は団員の定数に応じて掛け金を負担しているが、実数が定数に満たないことから、16年度には９６８万円も過剰に支出していた。このため、定数を適正な人数に削減する必要があると提言している。

このように、消防団の金銭の在り方を巡る課題は、報酬・手当に限った問題だけではなく、複雑に絡み合っている。旧態依然としたシステムを都合よく解釈してきたことで、つじつまが合わなくなってきている。

# 第3章

# 閉鎖的な組織風土

幽霊消防団員の問題を巡っては、裁判にまで発展するケースもある。問題提起をしたことで、分団から降格処分を迫られたり、ある女性団員はノートで胸をつかれたりするパワハラ被害も相次いで届いた。消防団員を夫に持つ妻からすれば、「コンパニオンを呼ぶと分かっている飲み会に夫を送り出したくない」などと嘆く。不満は組織内外でくすぶり続けている。

横領などの不正事案も続出していて、被害額は数百万～数千万円に上る。団員のみならず、自治体職員が不正に手を染めているケースも発覚している。こうした問題が起きているにもかかわらず、放置されている理由の一つには、政治との関係の深さがある。消防団は長年、票田となっていて、自治体職員がメスを入れようと思っても思うように進まない事情があった。

## ３・１　階級社会

### 「幹部の周りはイエスマン」

東京都と大阪府を除く道府県庁所在地の45市で、火災や訓練などへの活動実績が２年間ない消防団員を抱える自治体は約７割に及んだ。全国各地の消防団で報酬や手当が分団の遊興費などに流用されている可能性が浮かび上がってきたのは、第１・２章で触れてきた。

報道後、現役、元団員を問わず、多くの消防団員から内部告発の詳細について生々しい声が届いた。また、「幽霊消防団員」や水増し請求の問題を訴えたがために、分団や自治体幹部に問題はうやむやにされ、消防団活動への参加禁止や嫌がらせといった報復措置を受けている人が複数いることが判明した。

「飲み会の資金が減るから、幽霊消防団員を放置しているんです。どういう神経をしているのかまったく分からない」

東京都大田区の自営業の男性（当時70歳）はそう憤る。

大田区の消防団の分団で班長をしている。約15年前から消防団員だが、長年疑問に感じることがあった。辞めたはずの団員が名簿に載り続けていることだ。一方、都から報酬や手当が振り込まれる団員の個人口座は分団が一括管理し、飲み会や旅行の費用に使われてきた。

毎日新聞が２０１８年５月、長期間活動していない消防団員が岡山市に多数いることを報じると、男性は独自に所属する分団（約40人）の調査を始めた。持っていた名簿をもとに他の団員の証言を集めていると、３年以上活動していない団員が３人いたことを突き止めた。うち１人は10年以上活動に参加していなかった。実態解明に取り組むのか意向を確認するため、分団や東京消防庁に質問状を提出した。

男性が所属する団の活動要請は年間40～50件。団員が持ち回りで主務や会計係などを務めている。分団の予算は年１８０万～２００万円で、飲み会に充てる交際費は30～50万円だったという。

「町内会とのコミュニケーションとして飲み食いの場があったとしても、こんな額は必要ない。ほとんどは無駄な飲み食いに消えている」

資料の該当箇所を力強く指さす。内部資料によると、年１回の研修旅行は交際費と別の総会費で計上している。予算として約50万円を見込んでいて、１人約３万円かかる旅費のうち、

2万円を分団の経費で賄っていた。行き先は毎年異なり、北海道や北関東などの温泉地に行く機会が多いという。男性の分団でも、活動服や手袋などの備品に計上する予算より、飲食や研修旅行の経費の割合の方が大きかった。報酬・手当が個人に行き渡らず、不必要な飲み会などに使われていることを問題提起したことで、訓練後に頻繁に開かれていた飲み会はなくなった。

「分団の中で人間関係のトラブルが起きたことがきっかけで、お金に関する問題も多少はあったので調べてみようと思ったんです。上に逆らうと、すぐに懲戒免職を盾にする組織風土はおかしいんじゃないかと疑問を持つようになりました。幹部の周りをイエスマンの団員で固めた組織はいずれ衰退する。要は脅しがまかり通る世界だと思っています。分団長の決裁があれば、どうにでもできる消防団の体質は明らかに時代遅れ。帳簿もごく一部の人間しか見ることができないんです」

## 「勝手に動いてメンツを潰したからですよ」

独自に集めた資料は山積みになって、クリアファイルに納めきれなくなっていた。幽霊団員の実態を追及しようとしたり、報酬・手当の個人支給を訴え始めたりすると、逆に分団から一般団員への降格を言い渡され、反省文の提出と自主退団を求められたという。実際に、反省文の提出を求める書類などを見せてもらった。また、その資料を参考にして、分団長にも取材を試み、事情を聞いてみた。驚いた表情を見せつつも、降格などの処分理由について、

「消防団は階級社会。勝手に動いてメンツを潰したからですよ」

と淡々と振り返った。話を聞きながら、「メンツ」を指す意味がすぐに分からなかった。

幽霊消防団員が分団に複数存在しているかについても、質問してみた。

「団員数が定員の８割を切るのはまずいので、ここまでずるずるきてしまった。半年ぐらい無活動だと次に出てくるタイミングを失いがちになってしまうんですよね。この問題はうちの分団だけじゃなくて、どこの消防団にとっても課題になっていて、充足率を維持することはそう簡単なことじゃないんですよ」

と半ば認めつつ、他の事例も交えながら弁明した。多くの分団にとって欠員が出ることは、団にとって不名誉なこととされ、自治体に欠員報告をすることはなんとしても避けたいのが本音だという。入団の際に報酬や手当についての説明が不十分なまま、名義貸しのような状態で入団すると、後々トラブルに発展してしまう可能性が高い。

この分団では報酬・手当を分団で管理しているが、個人に了解を得た上だという。以前は口約束だけでいったん振り込まれた手当などを再徴収していたが、２０１７年頃から委任状を提出してもらうように変更した。

「皆に了解を得て、分団で飲んだり食べたりするお金にするんで、プールっていうのかね。年1回の旅行もそこから費用を出していました。誰もそれに対して異論はなかったと思うんだけど」

開き直ったように滑らかに話し出すものの、時折言葉が詰まる。大田区の男性が幽霊消防団員を利用した不正請求や個人が自由に使い道を決められない報酬や手当の実態を訴えたこともあり、18年度以降からは個人から直接、手渡しで分団の運営費を集めるように切り替えたという。男性が告発したことで、一時は分団で処分も検討していた。

「消防団は階級で動きますし、指示系統が大事なんですよ。何か災害があった時、彼が班長となって指揮をとらなければいけない。それは無理だということで、彼を降格させようということにしたのは確かです」

後に処分は取り消しになったが、その処分も明確な規程に基づいたものではなかった。

「階級社会の中、下級階級の人間が直接、消防団の事務局に幽霊団員を利用した不正請求があるとか、個人に報酬・手当が支給されていないと回答を求めに行っちゃいましたのでね。ましてや東京消防庁の課長のところに乗り込んでいって、うちの分団がこうなっていると言ったんです。それも1、2回ではない」

反省文を提出するよう求めた理由について、早口で語る。

「分団長の私に質問状を出すのはいいんですよ。飛び越えて、事務局や東京消防庁に問い合わせるのは待ちなさいと言っているにもかかわらず、送りつけるのはいかがなものかと。近いうちに疑問に答えるから待ちなさいと言ったのに。どういうつもりか考えられない」

## 支給額が伏せられた書類

東京消防庁には、男性が所属する分団を含め、団員ごとの手当の支給額や活動状況が分かる報告書、団員の指導内容が分かる書類について、情報開示請求を行った。しかし、開示された書類はほとんどが黒塗りだった。記載されているのは、分団員ごとに災害や訓練などに何回出動したかが分かる程度だった。個人名や振込先金融機関、口座番号などの個人情報が黒塗りであったことは理解できたが、支給額まで伏せられている理由が分からなかった。

また、消防団員の活動状況の把握やその処理方法については、各消防署向けに出された「消防団関係事務における適正処理について」という通知がある。通知では、1年以上にわたりまったく活動していない団員を「活動未実施団員」としていて、管理システムで四半期ごとに把握するよう求めていた。活動未実施団員については、①活動していない理由、②消防団活動への意欲の有無、③消防団員を継続していく意思の有無を確認し、記録・保存するよう要請している。しかし、個別に取材してみると、港区や中央区などの分団で幽霊消防団員が存在する事例がすぐ見つかった。東京消防庁に見解を聞いてみたが、

黒塗りの状態で開示された東京都の消防団員の指導記録

「1年以上活動していない団員は退団を促すこともあり、分団に適宜指導している」とコメントするのみだった。東京消防庁では指導内容を、「消防団員指導記録」に記載しているという。毎日新聞は指導記録も開示請求したが、指導内容も黒塗りの状態だった。消防団員は特別職の地方公務員でありながら、どういった指導を受けているのか一般市民には

情報は堅く閉ざされている。同様の書類は一般職員であれば、指導内容が記載されている場合が多い。また、報酬が振り込まれる個人口座の通帳を分団で管理しているかどうかの問題についても、状況は見えなかった。

報酬・手当が個人に支給されていないという内部告発者の情報を自治体職員に伝えると、告発者を特定しようと躍起になることが多い。取材に協力してもらった消防団員からは、

「報道から△△△の問い合わせがあったんですけど、どう回答しますか」

「適当に×××と言ってマスコミには回答しておきましたよ」

と、ある自治体職員幹部団員が問い合わせ内容について、口裏を合わせていたとみられる音声データの提供も受けた。告発者の現役・元団員の望みは、閉鎖的な組織風土の改善だ。自治体職員や外部有識者を加えた実態調査を希望している。実態調査について、例えば静岡市消防局の担当者は、

「個人口座に振り込んでいる以上、たとえ委任状を書かせて分団が個人の銀行口座の管理をしたり、報酬・手当を再徴収したりしている状況であっても、基本的に我々からできる調査はない」

と譲らない。業務負担の少ない、メールなどを使い、消防団員に報酬や手当が届いている

かどうかなど個別にアンケート調査を実施してほしいと要望する団員は多い。要望や改善点を訴えようにも、何事も分団や団の幹部を通さなければ話が通じないのでは埒《らち》があかない。自治体の担当者に相談するだけでも、嫌がらせ被害を受けないか警戒し、神経をとがらせている。告発者は、報道機関に相談する前にあらかじめ、自治体や地方議員らに相談しようと駆け込んでいる場合がほとんどだ。それでも、状況が打開されないため、記者を頼って実情を話してくれる人が多かった。

自治体は、問題のある分団のみならず、横断的な実態調査に取り組むべきで政府の手助けも必要だ。また、問題が発覚した時には、実態調査を団や分団任せにせず、自治体が主体的に団員と直接対話するべきではないか。消防団組織と自治体の間に本当の信頼関係があれば、可能なはずだ。

## 3・2　いじめ、パワハラ

### 損害賠償で訴える

当事者同士の話し合いで解決することができず、裁判にまで発展したケースもある。幽霊消防団員の存在と報酬の水増し請求など公金の不正運用について問題提起したため、消防団内でいじめや村八分にあったとして、東京都大田区の男性が２０１９年11月、損害賠償請求など約１００万円を求めて東京地裁に提訴した。

訴状などによると、会合や災害活動や訓練の後の懇親会を負担に思う団員が、所属したまま活動しなくなる団員を「幽霊消防団員」と定義した上、幽霊団員を利用した水増し請求の実態について言及している。消防団員への報酬や手当は、出動や待機への対価として、各消防団員に直接支給されるべき性質だと主張している。男性の所属する分団でも、消防団員に受け取り用の口座を開設させ、通帳と印鑑を事務局で預かり、報酬や手当を一括管理していることに疑問を感じ、２０１２年11月頃に個人通帳と印鑑の返還を分団に求めた。その後、幹部団員らによるいじめが始まったという。

「首都直下型の巨大地震の発生がいずれ来るといわれている中、緊急時に本当に役立つ組織に消防団がなっていかなければならない。想定外のことが起きても、このままだと『やっぱりこうなってしまったか』と被害が拡大してしまう一方だ」

男性が声を上げたのはそんな思いからだった。男性は被告らのいじめについて、政府の内部告発制度を利用して何度か相談したものの、パワーハラスメントは強まるばかりだった。処分の前段階として、災害出動や訓練の連絡網が男性にだけ送られない、団員に話しかけても無視されるといった行為が繰り返された。また、２０１４年以降の慰安旅行では、20代の団員のグループの部屋に１人だけ年配の原告が割り当てられたり、襟章などの必要な備品が与えられなかったりしたこともあり、男性の我慢は限界だった。降格命令も受け、分団ではなく、団長や上部組織の団事務局からの命令であるのか説明を求めたところ、

「団長が処分を分団長に命じた事実はない」

と回答があったという。分団側はこの事実を否定。理由については、

「団でのあまりに自分勝手な振る舞いについて、今後席を同じくして消防団活動をすることは困難と思われますので、退団を願うもの」

などとしたため、両者の主張は食い違い、話し合いは平行線をたどることになった。消防団員は公務員であるが、人格権の内容の一つである「組織内でパワハラ等を受けない権利」が保障されるため、パワハラに該当されるべきだなどと、原告側は主張している。日常的ないじめが繰り返されることについて、男性は、

「消防団の不正の問題を改善しようとしていることが疎ましいんでしょう」

と吐き捨てる。自営業者の男性は消防団の活動以外でも、地域との関係は深く、消防団内で不適合者のレッテルを貼られたことで、社会的評価も著しく害したと訴えている。不正を正そうとして原告に対して、あの手この手で執拗に分団との関係を断ちきらせようとしているのが事実であれば分団の行為は悪質だ。男性は、

「団員名簿も以前は配られていたんですけど、なくなりました。誰が団員として登録されているのか分からなくて。訓練を重ねることしか技術は身につかないのに、訓練を１回もしたことがない人がうじゃうじゃいます。とてもじゃないですけど、消防団員とはいえないと思うんです」

男性の住む地域には、密集した地域に住宅が所狭しと建ち並び、道幅も決して広いとはいえないエリアがある。地域内には消防署が保有する分も含めてポンプ車の消防車しかないと

いう。一般火災であれば、他地域からの応援を要請ができるが、震災による大規模火災が発生した場合、消防車が足りなくなることは明らかだという。消防団員の活躍次第で、被害は小さくも大きくもなり得そうだ。

## 女性団員の増加の背後で

一連の報道後、寄せられた情報は、消防団の関係者らが実態の調査を願うコメントばかりだったが、一部には、

「ごく一部の消防団の問題が全体のように報じられていて不愉快」

「活動を真面目に行っている数多くの良いところをもっと記事にしてください」

といったコメントも寄せられた。しかし、寄せられた情報からは幽霊団員の告発や報酬、手当の水増し請求だけにとどまらず、女性団員を相手にしたパワーハラスメントも行われていることが見えてきた。一部の問題かもしれないが、紹介させてもらいたい。

背景にあるのが、女性の消防団員の増加だ。男性の占める割合が圧倒的に高い消防団で、女性が所属する分団では報酬・手当を使ってコンパニオンを呼ぶ慰安旅行は開催されている

のだろうか。そんな疑問があった。取材では、うやむやで公になっていない不正事実を女性団員が追及しようとした際、分団幹部らによるパワハラなどの嫌がらせが起きていた。

三重県のある市に住む杉本映美さん（仮名・年齢は非公表）は10年ほど前、消火活動などに参加する団員数を分団が水増し請求していることを知り、内部告発した。消防団員として活動する場合、女性団員だけの組織を別に設けている自治体もあるが、杉本さんは本人の希望もあって一般の団員として男性に交じりながら活動している。

杉本さんのように近年は、全国的に女性消防団員の活動参加を促す動きが増えていて、女性でも比較的簡単に使用できる軽量ポンプの配備が進みつつある。女性団員の活動は、現場で交通整理などの後方支援にとどまっているケースが多いが、活動内容も少しずつ増えている。

杉本さんが問題提起したきっかけも、出動や訓練の回数に伴って支給されるはずの金銭が一切支給されなかったことだ。また、自分が訓練に参加した回の出動報告書を見てみると、顔も見たことがない団員が活動に参加していたことになっていた。水増し請求について、疑問を抱えたまま活動に参加しても身が入らなかった。分団長ら幹部に組織改革の必要性を訴えたが、

「分団長に何度聞いても、自治体のせいにするんです。『水増しは半分までなら容認するから、1回につき人数は10人までにしてくれということを言われた気がする』とか。何を言っているのかよく分からないですし、納得できる理由は得られなかったです」

支離滅裂な説明に怒りがこみ上げてきたという。杉本さんは別の分団長に相談して、後押ししてもらうよう協力を求めると、ようやく所属する分団で水増し請求が繰り返されていた事実が明るみになった。その後、自治体の調査も入り、不正事案として認定されたことで、閉鎖的な組織の体質も改善できると期待した。

ただ、自治体によるメスは杉本さんの期待を裏切り、生ぬるいものだった。過去の不正請求の実態解明までは踏み込まず、過去にさかのぼった不正請求の総額や手法などの真相については、分からないままだった。分団長への処分も口頭による厳重注意処分のみで、分団から不正請求した分、数万円が自治体に返金された。分団は活動日誌を記入し、管轄の消防署に提出することを新たな施策に追加。報酬・手当の振り込みは分団口座から個人口座に切り替わった。

しかし、分団からは報酬・手当の管理を一任するという「委任状」を記入して提出するよう求められ、杉本さんも泣く泣く書類に署名して提出した。これ以上、問題と向き合う気力が残っていなかったからだ。報酬・手当については、いまだに一銭も自分で使い道を決められない仕組みのままだ。

また、水増し請求の事案については、分団、自治体から、

「団はこの金で成り立っているんだ。外部に絶対漏らすな」

と他言しないように口止めされたという。

## パワハラでうつ病に

問題発覚以降、杉本さんは処分を受けた分団長からパワハラを受けるようになった。訓練や消火などの活動で顔を合わせる機会も多く、理由もなく1時間超正座を強要された上、あからさまに足を踏みつけられ、活動服が1人だけ支給されなかったこともあった。ノートを丸めて肩をたたかれたり胸をつかれたりする仕打ちも受けた。過去の被害内容について、杉本さんはうつむきがちに言葉を絞り出す。

杉本さんは、こうしたハラスメントの内容をまとめて市町村長に提出し、自治体からは「再調査をする」という確約ももらった。ただ、その調査は自治体ではなく、消防団の幹部

による調査で、自治体は調査側からの報告を受けるだけにとどまった。

度重なるパワハラで心労も重なり、杉本さんはうつ病になってしまった。自治体に公務中に心理的負担を負わされたとして診断書と労務災害（業務災害）の申請書を提出しようとしたが、書類を受け取ってくれなかったという。

杉本さんの病状は取材当時も回復していない。夫が妻の言葉を代弁するように取材に答えるのが精いっぱいだった。夫の言葉は怒りに満ちていた。

「消防団で問題が起きていても、消防署、自治体は訴えても見て見ぬフリで、誰も手を差し伸べてくれない。消防団はあまりにも低レベルな組織で、行政は事なかれ主義。消防団のなり手がいなくなっているからといって、見過ごしていい問題ではないはずだ」

報酬・手当が振り込まれる杉本さんの銀行口座の通帳と印鑑は、分団ではなく分団がつくった「別組織」に預けたままだ。外見上、分団が管理しているという見方を避けるためとみられる。活動日誌をもとに作成した出勤簿には、顔も見たことがない幽霊団員の欄が残ったままで、以前に比べて頻度は減ったものの、再び出動扱いにされていることもあるという。

「ごまかしても書類を一目見れば他の団員にはすぐに分かってしまうこと。公金を食い物にするやり方は非常に汚く、コンパニオンの女性を呼んで、ドンチャン騒ぎするのが消防団なのかという最初の印象は今も変わらない。活動のメインは公金を使った親睦という感覚が許せない。女性がなじめる組織になるまでには相当時間がかかると思う」

消防団の閉鎖的な組織風土の改革を訴え続けてきたが、杉本さんはうつ病を発症したこともあって諦めてしまった。

## 「家族とのコミュニケーションの場が奪われるのは理解しがたいです」

地域から見た消防団活動にも疑問の声が上がっている。

相模原市の30代女性は、夫が消防団員。別の地域から引っ越してまもない頃、夫は消防団幹部の男性から何度も勧誘を受けたという。仕事の都合や子どもが幼いこともあって、入団するつもりはまったくなかったが、断り続けることで地域との関係性が悪化する懸念を抱くようになり、渋々入団することにした。

平日に夫が帰宅するのは夜の10~11時と遅くなることが多い。共働きということもあり、土日祝日の休日は家事や子どもの世話の分担もしたいが、夫は消防団の飲み会に参加したり、研修会名目の慰安旅行に向かったりすることもあり、到底納得していない。入団以来、一度も出動手当や報酬は支給されておらず、分団に全額徴収されているという。

「旅行にはコンパニオンの女性を呼ぶと分かっていて、新婚からまもない夫を送り出したくないって思うのが普通じゃないですか。訓練や消火活動に参加するならまだしも、飲み会や旅行に行かれて、家族とのコミュニケーションの場が奪われるのは理解しがたいです」

女性は語気を強めていた。

政府は消防団員に占める女性の割合について、２０２６年度までの目標を10％と掲げている。15年に閣議決定した「第４次男女共同参画基本計画」で、当面は５％としているが、19年４月現在の割合は３・２％にとどまっている。女性消防団員が所属していない消防団の数は、全体の約27％（５９８市町村）という状況だ。目標の達成には遠く及んでいない。女性が入団するだけでなく、活動しやすい組織風土の改善に取り組まなければ数字だけが一人歩きすることになりかねない。

埼玉県新座市では、女性団員や再入団員の報酬・手当は個人口座に振り込んでいるが、男性団員については委任状の提出を受けて、分団長経由で現金支給している。また、大阪府泉佐野市では、女性のみに休団制度が設けられている。ジェンダーに基づくあらゆる社会制度が変わりつつある中、不可解な点が目を引いた。新座市の担当者は、

「女性団員は現場というより広報活動が中心で機庫に集まる機会も少ないので個人口座への振り込みにしています。男性に関しては、その逆で機庫に集まる機会もありますし、分団からの要望もあって支給方法を分けています」

とコメント。泉佐野市の担当者は、

「女性は出産などでどうしても活動できない時期がある。その期間、活動できないのに報酬を支払うべきかという議論もあって、女性分団を作った時の内規に休団制度を盛り込んだ」

と説明している。泉佐野市によると、男性に休団制度を設ける予定はないという。

## 3・3　強引な勧誘

### 「コイツ、消防団に入っていないんだよ」

「消防団の幹部が勤め先の会社の部長なので、入らない訳にはいかないんですよ。勧誘というか、朝礼会で『コイツ、消防団に入っていないんだよ』と名指しで批判されることも多くて、正直参りました」

　ある茨城県内の男性は、社内で圧力を受け、仕方なく消防団に入った。入団時の約束事として、飲み会には出ない、いつでも辞められることの2つを条件に入団することにして、分団幹部から了承を得た。加えて、入団前に団の規程の閲覧を何度も求めたが、不開示だった。入団前から分団とコミュニケーションが取りづらく、不信感が漂っていた。消防団の規程を閲覧できないか、所管する消防署に問い合わせると、会社の上司から、

「なんでメンツを潰すようなことをしたんだ。2度と同じことをしてくれるな」

と吐き捨てるように注意を受けた。入団後は、週末にある消防団の行事にかり出され、操法や隊列行進訓練に参加した。ただ、

「形だけの訓練で、いざ火災や災害が発生しても役に立ちそうにもなかった。訓練は1時間程度。その後の飲み会はその何倍にも及ぶもので、最大の行事になっていました。精神的苦痛でしかなかったです」

　男性は職場での人間関係のことも考えて2年間は耐えたが、退団する決意を固めた。退団前、消防庁にすがる思いで消防団に関する問題の駆け込み先がないことなどについて、改善策を求めたが、担当者からは、

「国としては消防団員を増やす姿勢を維持しているので、ウチに文句を言われても困る」

内情に見て見ぬフリをする行政の実態を知り、愕然としたという。

ただ、コンパニオンの女性やタダ酒が引き金で、入団前の説明が不十分にもかかわらず、半ば強制的に勧誘・入団させることでトラブルに発展するケースは後を絶たない。政府も対応に手を焼いていて、総務省幹部は、

「消防団の結束というか、一体性や階級社会を維持していく必要性を訴える声があって、それを無視していいのかという迷いもあって。特に古株の団員さんとか年齢層が上の人とかはそういう気持ちが強いので、無視する訳にはいかない。災害とか火災など現場で機能する組織にしていくためにどうすべきか頭を悩ませています」

また、東京都港区のある女性も、ほぼ強制的に入団させられ困惑している。

消防庁・区の防災課に問い合わせても取り合ってもらえず、管轄の消防署でないと分からないと言われたという。消防署に入退団の承認がどうなっているのか問い合わせてみたものの、口座番号や最終学歴を問う質問をされたため、不信感が強まった。個人情報の漏洩と地域からの村八分を懸念して女性は、消防団の退団と同時に、転職することを決めた。

## 退団時でも起きるトラブル

トラブルは、勧誘や入団時だけに限らず退団時にも起きている。

消防庁は、家族の介護や育児などがしやすい生活環境づくりの観点から、団員の身分を保持したまま、団活動に一定期間参加しなくてもよい「休団制度」の適用も進めている。ただ、休団制度の活用については、休団期間中は報酬や手当が不支給となり、分団側にとってプールできる活動資金も減額されてしまうため、幹部団員が幽霊消防団員化させて不正請求するケースもある。病気や親の介護など、個人的事情で休退団を希望する団員がいても、幹部から代わりの団員を確保するよう求められる。和歌山県内のある40代男性団員は、

「はっきり言って、休退団するよりも幽霊団員化してしまった方が、地域とのいざこざに巻き込まれずに済むんですよ」

転勤や進学に伴う転居によって退団しないまま消防団に籍だけ置き続けている団員もいる。

消防庁は、転出先でも消防団活動を継続できるように団員歴を書いた紹介状があれば、手続きを簡易化する仕組みを設けている。本業の仕事が多忙などの理由から退団する場合でも、「大規模災害団員」に移行して団活動と関わり続ける方法もある。本人の意思を尊重すると

同時に、幽霊消防団員を一般化させない効果も期待された。

しかし、分団側にとって団員数が減ることには変わらない。分団の運営費も減額になり、飲み会や旅行に充てられる費用も少なくなる。退団時には、活動期間や役職に応じて退職報償金が個人に支払われるが、報酬・手当と同様に個人に支給されず、個人口座の通帳や印鑑がいつまでたっても返還されないという情報提供が複数あった。

東京都港区の元団員の女性が住むエリアは高層マンションが建ち並ぶエリア。意外にも、消防団の入退団を巡るトラブルが起きていた。

「退団できるまで何カ月と話し合いを重ねましたし、地域とのトラブルも起こしたくないので神経を使いました。本当はわずかでも退職金があるなら欲しいですけど、言い争いで疲弊するくらいだったら見過ごした方がよっぽどマシかなと思いました。自分名義の通帳・印鑑が悪用されたらと思うと怖くて」

消防団の入団資格は、市町村ごとに条例で定められていて、一定の年齢を超えれば、その市町村に居住しているか、または勤務・通学している人なら性別に関係なく入団できる。同様に、本人の意思で退団できる。消防庁のホームページでは、入団のフローについては各自治体の担当課の連絡先や消防団員の体験記などを掲載しているものの、退団フローについての言及はほとんど見られない。地域間のトラブルなどで退団しようと思っても、手続きのフローが見えてこない。

## ３・４　相次ぐ幹部による着服

### ずさんな運営費の管理

団にプールした報酬・手当は私的な飲み会や旅行費にも充てられていて、備品や点検費に使われているのかどうかさえも疑わしい事例が全国で相次いでいる。ただ、必ずしも全額ではなく、大半は機庫の備品や点検費に使われている。一方で、報酬・手当などの資金を分団長や経理担当者、団幹部が着服する事件が全国各地で起きている。

福島県川俣町消防団第５分団の元幹部団員２人が、他団員へ支給されるはずの報酬金計約３４０万円を着服していたことが２０１９年４月に判明した。着服の疑いがあったのは、羽田地区と秋山地区を担当する第５分団第２部第１班に所属していた40代の元男性幹部団員２

人。このうち会計担当だった1人は、18年夏頃までの約10年間にわたって、第1班の団員への報酬金や班の運営費計約320万円を私的に流用し、もう1人は、18年度に同班の団員に支給されるはずだった報酬金約20万円を私的に使っていたという。2人は遊興費に使っていたと話しているという。約10年間、分団の会計管理が機能していなかったことがみられる。

18年7月に会計担当が代わった後、通帳の引き継ぎが曖昧になっていたことを機に発覚したという。2人はすでに全額を返済し、19年2月に退団した。町によると、刑事告訴はしておらず、再発防止策として、報酬・手当を分団に支給するのではなく、個人口座への支払いに切り替えた。

また、静岡県裾野市は19年3月、市消防団東分団の男性副分団長（当時45歳）が2017～19年度の3年間にわたり、分団員の出動手当など活動費計約1104万円を横領していたと発表した。1000万円以上の額が特定の個人によって、私的流用された。川俣町のケースと同様に、管理体制はまったく機能していない。副分団長は横領を認めていて、懲戒免職処分となった。

東分団は問題発覚当時、団員数47人。市は団員個人の年報酬と出動手当を分団の口座に振り込んでいた。また、同市東地区自治会も消防団に協力金を提供。副分団長は通帳を1人で管理していた。協力金をはじめ、報酬・手当が特定の団員によって管理されていて、使途の見える化が進んでいないケースだと考えられる。3年間の総額は、年報酬438万円、出動手当898万円、自治会協力金1200万円。通帳が同じため、このうちどの費用を横領したかは区分できないという。1年あたりに換算すると、1年あたり約850万円の資金がプールされていて、4割超が私的に横領されている事態だ。

消防団による会計監査が18年末にあり、副分団長が横領と使い込みを認めたという。17年の監査時は「帳簿がまだできていない」と監査を逃れていた。約1007万円は親族が弁済し、残額も弁済するということで、警察に被害報告のみしたという。再発防止のため、市は19年度から年報酬と出動手当は個人口座へ振り込むと同時に、消防団は分団の会計担当を複数制にし、出金伝票への押印は分団長のみが行うように変更した。

こうした着服事件は、最近に始まった訳でもなく、特定の地域だけの問題ではない。着服額も数百万〜数千万円に上っていて、運営費の管理はずさんで、不正の温床となっている。

## ３２００万円を私的に流用

個人に報酬や手当を支給する自治体職員が私的流用している事例もあった。

青森県の下北地域の消防本部でも16年２月、むつ消防署脇野沢分署に勤務する消防士長（当時39歳）が、消防団への報酬など約２７０万円を着服していたと発表した。消防士長は、「生活費や借金返済に充てるためにやった」と話しているという。発表までに全額弁済されたが、同消防本部は刑事告訴する方針を明らかにした。

同消防本部によると、消防士長は15年４月から、消防団員に支払われる年間報酬や災害出動した際に出る日当「費用弁償」を消防団の口座に入金する業務に従事。４月〜10月分の計約２７０万円を入金せず着服したという。問題は、16年１月末に消防団員から入金がないとの指摘を受けて発覚。内部調査で消防士長が認めた。免職も含めた懲戒処分を決めるとした。振り込む側のチェック体制に甘さがあったと指摘されても仕方がない。抜本的な仕組みを改善しなければ再発は防止できない例だ。

報酬・手当が個人に支給されずに団に直接プールされる状態が続くと、着服額も次第に膨れ上がる。長崎県佐世保市消防団は13年９月、消防団の口座から計約３２００万円を引き出し、私的に流用したとして、会計担当の副団長（当時65歳）を懲戒免職とした。流用分は返済された。副団長は出動手当や報酬などの会計担当で、２０１０年8月～13年7月、計45回にわたって公金などを引き出した。副団長は、

「経営する会社の運転資金や家のリフォーム、車の購入に使った」

と話したといい、極めて悪質な事例だ。７月に消防団から報酬の支払いが遅いと市消防局に相談があり、発覚した。

不正事件は幽霊団員の水増し請求だけにとどまらない。いずれのケースも報酬・手当を個人に直接支給していれば私的流用を未然に防止できていた可能性は極めて高い。不正が起きているケースとして、共通しているのは報酬・手当が直接、個人口座に支払われていないことだ。

会計上のミスも起きている。

岩手県釜石市は消防団員の２０１９年度分の報酬の一部が事務処理を怠り、支給されていなかったと20年8月に発表した。支給されていなかったのは消防団で消防車両やポンプの操作と点検を担当する団員に支給される昨年度の報酬、89人分（実員数５９０人）あわせて93万円。市は不正防止などの観点から、20年度から報酬、手当の振込先を団から個人に変更し

ているが、19年度分に関しては団の指定する口座に振り込んだ後、個人に支給される流れだった。

　問題は、21年度の消防団関連の予算の精査中に消防署の担当者が気づき、発覚。署内でも処理済みの認識がなかったという。この報酬は、本来は20年4月中に振り込まれているべきものだが、署の担当者が気づくまでの約4カ月間は団員から問い合わせがなかったという。元々、個人に報酬・手当が行き渡っていなかった可能性もある。市の担当者は、

「委任状を取っているところもあると聞いたこともあるが、個人にちゃんと行き渡っているかどうかは確認したことがない」

　市のホームページには、一定の報酬が活動の対価として支給される旨を記載しているが、支給額や団ごとに委任状を取って再徴収していることなどについては、何も触れられていない。果たして、個人に報酬・手当が支給されることをどれだけの団員が認知しているのか、疑問に感じた。

## 名物コーナー「記者の目」に寄せられた声

19年1月、私は毎日新聞の名物コーナー「記者の目」で、消防団の不明朗な報酬の取り扱いなどを掲載した。その記事を受けて、幽霊団員の実態を知った福岡県の男性からの電話が印象に残っている。

「息子の言う通りでした。記者さんに頑張ってと言いたくて電話しました。幹部になった息子は、なり手が少ないもんだからすごく将来を心配しています。（報酬で飲み食いする）古い体質を改善しようと今、孤軍奮闘しているところです」

大規模な災害が起きると現場で活躍する消防団員の姿が報じられる機会は多い。一方、本紙は団員の報酬を消防団が管理し、旅行に使われている事例なども報道した。中には、慰安旅行は一人一人にコンパニオンが付き、特別な事情がないのに新幹線のグリーン車を使って移動している団もあった。

「おじさんの宴会団体というイメージは私も取り除けませんが、土日も家族サービスをせずに消防団の操法大会に励む人もいるし、東日本大震災では水門を閉めに行って命を落とした団員もいます。地域を守っている団員にとって、否定的な報道で消防団員のなり手が減るのは悲しい」

不正が起こりやすいシステムに疑問を感じつつ、活動を続けている人には頭が上がらない。使命感を持って活動している人が大半なだけに、旧態依然とした風土を解決しなければ担い手不足は深刻化するだろう。

幽霊消防団員の問題を巡っては、以前、地方紙の投書欄で見かけた記憶があった。記憶をたどると、恐らく熊本県の消防団に所属する人の訴えだったと思う。投稿者は行政や地域に相談しても誰も相談に乗ってくれず、泣き寝入りするしかない状況を語っていた。そんな記憶をたどりながら、幽霊消防団員に関する情報がないか、スマートフォンで「消防団　幽霊」などと検索することも多かった。同じように問題を指摘する声がいくつかヒットする。ほとんどの人はどう訴えていいのかもがき苦しんでいるようだった。

## 3・5　選挙のカギを握る

### 選挙で「力」になる消防団

「消防団はとにかく大事にしないといかんよ」

19年秋、東京都の若手区議に岡山県の地方議員がこうアドバイスを送る。区議が所属する党の事務局の一室で、語りかけていた。若手区議は当選1回目。今後、どう地盤を固めていくべきかという話題で持ちきりになり、たまたま私も同席させてもらっていた。地方議員の男性も、私が幽霊消防団員の取材に力を入れていることは承知の上での発言だった。会談後、この地方議員に発言の趣旨を聞いてみると、

「消防団は選挙の時に本当に力になってくれるんですよ。SNSがこれだけ発達した時代にもかかわらず、地域コミュニティーの重要な窓口の一つになっていて。消防団を味方につけずして、選挙基盤を固めることはなかなか難しいんじゃないかな」

あっけらかんと、時折笑顔を交えながらこう語る。消防団が開催する飲み会は、地域とコ

ミュニケーションを取る対話の場だという考えを持つ議員は、与野党限らず多い。そのため、地域住民から消防団を巡る不正事案、幽霊消防団員の実態調査について相談を受けても返答を渋るケースがあるという。議員自身が消防団員として活動しているところもあり、分団長や団の幹部などの役職を務める場合もある。そのため、団員は不正を誰に相談すべきか迷う。議員自身が幽霊団員化してしまっている情報も寄せられた。

親交の場となるのは、やはり消防団の飲み会だ。近年は、消防団員の報酬・手当の使途について不明瞭な点が多いなどの報道が増えたため、呼ばれても挨拶程度で済ませたり参加を自粛したりする議員も増えている。とはいえ、国会議員、地方議員問わず年末年始の飲み会には決まって顔を出す。出される料理や酒は個人に支給されるべき報酬・手当が充てられている。つまり、公金だ。議員らは会費について、個人に支払うべき報酬・手当で賄われていることも認識しているが、黙認している。個人の了解を得た上で飲み会が開かれていると解釈している人もいた。幹部団員に配慮して、報酬・手当の支給の在り方を抜本的に変えることに少なからず抵抗があるという。

また、東京都の20代の男性消防団員は、２０１７年に投開票があった都議会議員選挙に向けてポスター貼りの作業にも参加し、議員の公約が書かれたチラシの配布を手伝ったことがあるという。いずれも、消防団経由で要請を受けて手伝ったと証言する。

## 政治と消防団――個人情報が無断で利用される

相模原市の50代の元消防団員の男性も政治と消防団の関係性を証言する。男性は、阪神・淡路大震災がきっかけで防災意識が高まり、2000年代に2年間消防団員として活動したことがある。退団の決め手になったのは、機庫やスナック、カラオケ店で明け方まで続く飲み会に嫌気が差したこともあったが、同じ消防団に所属する市議の政策ビラが自宅に突如届いたことに不信感を抱き、退団する決心がついた。

「後援会に問い合わせると、消防団の名簿が使われていることが発覚して愕然とした」

無断で個人情報が利用されていて、消防団本来の活動の目的は何かと問いたくなったという。

また、東京都の多摩地区のある若手の消防団員も証言する。

「地元議員が行政財産である消防車の上に乗り、お祭りに参加する市民に対してマイクで自分の名前や政策を売り込んでいたこともあった。異様な光景にしか映らなかった」

男性によると、この議員は消防団員を務めていて、名目は消防団の広報活動の一環だったが、団の広報活動そっちのけで自らの政策などを訴えていたという。機庫を後援会の事務所代わりに利用していることもあり、選挙ビラを住民向けに配る際、中継地点として休憩場所として利用したり、ポスティングする折り込みチラシをまとめる作業に使ったりしているようだ。男性はブログや投稿サイト「インスタグラム」でその光景の片鱗を発見し、複数の団員からその写真を提供してもらった。アップロードしている他の写真を見てみると、ポスティング用のチラシが機庫内で山積みになっている姿を撮影した投稿も見つかり、わざわざコメントも書かれていた。極めてまれなケースかもしれないが、由々しき事態だ。

## 「お前はケンカ売ってるのか」

取材では、東京都内で２０１９年１月に実施されたある消防団の新年会の参加者名簿や式次第などを入手した。分団の新年会は、約60人でホテルの広間を貸し切る豪華な内容だった。参加者は、衆議院議員２人、都議会議員４人、市区町村議２人、東京消防庁の関係者３人を始め、自治体職員や町内会や商店会の関係者らが参加していた。分団幹部は、参加者名簿や席次、進行台本も作成するため、段取りなどの事務負担は大きい。こうした作業もすべて無償で行っているという。

一方、一般団員の出席者は一人も記載されていなかった。消防団関係者だけでなく、地域の地主や有権者らが多数参加しているため、政治家にとっては地盤固め、名前を売るにはもってこいの機会だ。仮に報酬・手当の不正請求の実態が政治家の耳に入っていても、聞かないフリをする方が無難と判断しているのだろう。

都内に地盤を置く、地方議員の男性は、

「警察や消防署がカバーできる範囲は、思った以上に狭いんですよ。大規模災害に備えて、誰が緊急時に出動できるかどうか把握することは確かに大事なことですけど、幽霊消防団員の存在を議会で問題視したとしたら、『お前はわしたちにケンカを売っているんか』と消防団の幹部に言われるのは目に見えている。町内会や商店街の組合の関係者を敵に回すことになってしまう可能性もあるので、消防団員を増やすための施策について答弁するとか支持層を失わない範囲の取り組みしかできないですよね」

## 国会で追及される

こうした政治と消防団の関係は根深く、なかなか改善策が見つからないのが現状だ。地方では議員のなり手不足から、消防団の幹部を後継者として選挙に出馬させることもある。

国会でも、消防団を巡る問題が取り上げられたケースはごくまれだ。

「消防庁もちゃんと話を聞かないと。実態をどこまで把握しているのか、全国に同様の状況はあるのか」

片山虎之助・参議院議員（元総務相）が国会の総務委員会で、当時の消防総監に対して質問したことがある。２０１８年5月15日だ。岡山市で幽霊消防団員の実態を報道した後、まもなくの頃だった。片山氏は、他の市町村への調査の実施について質問したが、この当時はなかなか波及はしなかった。答弁では、

「お金は一般財源で、出動手当も報酬も公金なんですよ。幽霊団員のようなものは心外で、一生懸命やっている人はみんなイラッとしますよ。団員の活動は消防業務に従事するとありますよ」

そう質問した片山氏に対して、総監は、

「全国標準的な基準をつくるのは難しい。各団員が適切に活動できるように助言を行っていきたい。団員の報酬などに対しては住民の信頼を損なうことがないよう適切に対応いただきたい」

と質問をかわしたが、終始歯切れは悪かった。政治家が幽霊消防団員の問題に切り込む答弁がないか他にも探してみたが、極めてまれなケースだった。２０２０年12月、片山氏を訪れ、質問の意図などを聞いてみた。片山氏は、

「『幽霊団員』については以前から問題意識を持っていた。活動していない団員の名前で支給を受けるわけなので、違法だ。団員数が減少している時なのでつらいかもしれないが、年に数回は活動を促したり、活動履歴のない団員をチェックしたりする仕組みが必要だ。活動していない人に退団を促すのもやむを得ない。

消防団は政治家の応援団ではないが、票田ではある。政治家は消防団の悪口をあまり言わないが、間違っていることは正さないといけない。手当は団員個人に支給すべきものだ。個人に渡していない事実は確かにあり、改善した方がよい。消防団としての遊興費などは、せめて個人口座に支給した後、参加者から費用を徴収するなどの方式に変えるべきだ。

ただ、厳しくしすぎると今の団員はすぐに辞めてしまう。人口減少やサラリーマン化の進

行で団員の確保が難しくなっている。市町村役場や郵便局の職員に入ってもらい、なんとか80万人という団員数を維持しているのが現状だ。

報酬や手当の金額は、ある程度引き上げるべきだろう。報酬や手当の在り方を議論する総務省の検討会には期待したいが、会議のメンバーを消防関係者だけで固めているのが少し心配だ。消防団は地域に密着する『共助の担い手』だ。団員の代弁者ではない声も加えた方がよい。市町村の予算、国の予算で何をどこまで負担するのか。健全な消防団の在り方をしっかり議論してほしい」

と淀みなく話す。他の政治家にも取材したが、実名を公表してまで踏み込んで発言をしてくれたのは片山氏のみだった。

総務省が検討会を立ち上げた背景には、消防団を巡る問題の報道が増えたこともあるが、他にもありそうだ。菅義偉（元総務相）政権が誕生し、総務省が所管の携帯電話料金引き下げとＮＨＫ受信料見直し、地方税財政の充実を最重要課題に掲げていることは改革への追い風だ。一部だとしても、活動需要があると装って予算を確保する「幽霊団員」の原資は、地方交付税と地方税収が大半だからだ。政治家は問題の放置や過度な擁護ではなく、改革に向けて自治体や団を後押しする方向に舵を切らなければ、団員数の減少は更に進み、行く末は票田さえも失いかねないだろう。

## 3・6　歪んだ構造

### いとも簡単に作成される「偽公文書」

幽霊消防団員の実態に関しては、政府や多くの自治体のスタンスは弱腰だが、葛藤を抱えている自治体職員もいる。岡山県のある自治体職員は、約10年前、消防団の不正に加担したことに後ろめたさを感じ、うつ病を発症してしまった。

男性職員がうつ病を発症した原因は、市総務課に異動した際、消防防災担当として、前任者の男性から裏金をつくって、消防団幹部を飲みに連れて行き、性風俗にも案内するよう強制されたことだ。男性によると、その前任者は現在、副市長を務めているという。

「私はそんなお金をつくらないし、飲みには行けたとしても性風俗には連れて行けません」

男性職員は頑なに断ったが、前任者からは裏金をつくらないといけないとの一点張りで、理由を聞いても納得できる回答は得られなかった。前任の男性職員から引き継ぎの説明を受ける際、目の前で公文書に自分で偽出動記録を記入し、でたらめの出動簿を作った。開いた口が塞がらなかったという。側にいた別の男性職員（消防団員）には、

「勝手に出席にしたけどええじゃろ」

と声を掛けていて、その男性も了承していた光景に目を疑った。記入した「偽公文書」はいとも簡単に完成してしまった。手際の良さは慣れたものだったという。偽公文書に決裁用紙を添付して、所管の部署に提出するだけで良いと説明を受けた。その後、決裁書類を提出してくるよう求められたという。

困惑している表情を見かねたのか、出席の承認を引き受けた男性職員は、次の日、

「消防は最後の聖域だから」

細々とした声で、男性に告げてきた。不正に手を染める訳にはいかない葛藤と目の前の上司からの圧力に翻弄され、精神が蝕《むしば》まれた。男性職員は、地方公務員でありながら消防団員も務めていて、自治体からも表彰された経験を持つ。火事場にも何度も出動してきた。

「自分たち団員が歯を食いしばって訓練して、奮闘してきているのに公金で裏金をつくって性風俗につぎ込んでいるなんて許しがたい事態だった」

## 問題は闇に葬られた

そもそも、なぜ自治体職員が団員に支給する報酬・手当を利用した裏金の工作ができるのだろうか。

「報酬・手当を個人口座に支給せず、分団の口座に振り込んでいるから裏金がつくれるんです。実は、分団の口座は市で管理していて、出動報告書に我々が追加で架空出動させた分を口座から引き出すんです。不正にまみれた金で、消防団の幹部を接待するというおかしな構造。明らかな不正が常態化しているのかと思うと歯がゆかったです」

内に秘めた葛藤をどうすればよいか。男性は、決裁が下り、風俗店に連れて行くための裏金を手にした時、辞表を提出することを決意した。決裁書類を証拠として、警察に提出して不正を正そうと決心したからだった。

しかし、自治体側は辞表を受け取ってくれなかった。その後、男性職員は別の部署に異動となり、問題はなかったことになった。男性がうつ病で休職になるまでそう時間はかからなかった。後任の担当者が同様の裏金工作を指示されていたかは分からないという。

自治体の規模が小さな役場に勤務していると、上司と別の仕事で再び一緒になることも多く、仕事外でも関係が深い。できるだけ、穏便に仕事を進めたいのが一般的な考えかもしれないが、男性にとって不正に加担することだけは許せなかった。総務省の担当者は、

「奥さんや子どもがいる家庭では、災害時に消防団員の夫が出動してしまって側にいないこともあるはず。不安に思い、消防団に対する不満の声も入ってきます。報酬・手当があれば、後でいいお店にご飯に連れて行くとか子どもにおもちゃを買ってあげるとかもできますし、団活動への家族の理解も深まるはずです。そういった意味でも不正の温床になる仕組みは正すべきで、報酬・手当は個人に直接支給していかなければならない」

と語気を強める。総務省には、ホームページを通じて、不正に関する情報提供や告発の声が届くという。ほとんどが匿名のため、情報の整合性がとれないまま、判断できずにいるという。


こうした状況を踏まえ、２０２０年12月の閣議後会見で、武田良太総務相に消防団員の団員確保について報酬・手当を手厚くするという方針を示す一方、個人ではなく、分団口座に報酬・手当がプールされていたり、活動実績のない団員が在籍したりしている問題、報酬・手当は個人に支給されるべきとの通知・通達が遵守されていないことの受け止めを聞いてみた。武田総務相は、

「地域防災力の強化というものは国民全体の問題。士気を高めながら、しっかりと地域の付託に応えていくためには、手当をしていかなければならない。団員の手に渡らず、他の部分に利用されているという話の部分も聞くが、我々としてはそれぞれの団員に直接、国民の気持ちが伝わるようなシステムというものを確立して、団員の確保に務めていきたい」

と述べた。淡々とした話しぶりだったが、問題は認識している様子だった。改めて、報酬・手当は個人支給すべきという解釈だと受けて取った。

# 第4章

# 消防団にメスは入れられるか

幽霊消防団員を始めとするさまざまな問題はこれまで触れてきた通りだが、消防団・自治体側にも言い分がある。近年、大規模災害が頻発する中、共助の中心を担う消防団の役割は増え続ける一方だ。若手団員らからは、過剰な業務の見直しや退団理由の蓄積などを求める声も上がる。

改革の道標となり得そうなのが、デジタルサービスの導入だ。出動管理やお金の流れを見える化することで、不正の防止だけでなく2次災害を抑止できる効果も期待される。法令遵守などの考え方が企業で一般化しつつある中、乖離した組織の体質・文化の改善が必要だ。「善意」のイメージが強い消防団だが、そこには落とし穴が潜んでいることも事実。何かが起きてから過ちに気づくのでは遅い。

## ４・１　大規模災害が増える中で

### 命さえ落としかねない仕事

豪雨や大地震などが発生する頻度が増えているため、消防団には、火災を始めとする災害出動だけでなく防災、予防の啓発を担う組織としての役割も求められている。ただ、留意しておくべきこととして、全国の消防団員が必ずしも防災に関心を持っている訳ではなく、入団の理由は千差万別だ。

消防団の任務は、消火活動に限ったとしても現場での後方支援や被災者救助、交通整理など多岐にわたる。「火の用心」の掛け声でなじみのある年末年始の地域パトロールや、お祭りの警備、救急講習の指導なども行っていて、業務は幅広い。業務内容がハードな印象からか、勧誘は難しい。そのため、転勤や病気などの理由で休退団する場合、穴埋めとして団員の家族や知人を頼ってお願いするケースが多い。

少子高齢化などの理由から定員割れが続く消防団も増えている中、強引な勧誘で団員を確保しようと躍起になるケースも理解できない訳ではない。消防団員の確保は国の政策でも示されていることから、むしろ方針が末端に浸透しているといえるだろう。消防団員の確保は災害時に被害を最小限にとどめることが主な目的であり、場当たり的に欠員数を充足すればよいという話ではない。職務の範囲が広いことから、正確な知識や技術が身についていなければ、自らの命さえも落としかねない仕事だ。

記憶に新しいのは、２０２０年７月の熊本豪雨災害で、短期間の増水で被害が一気に拡大した中、消防団が地域を回り、避難を呼びかけたことで一命を取り留めた住民の声が報道された。

消防団員の職務として、河川の巡回を条例や水防計画で明記している自治体は多い。地域防災のリーダーとして、最前線で被害状況を確認することもある。消防団員なしでは被害の正確な状況を把握することが難しい一方、地域に危険度を知らせたり、河川の水位を確認したりする団員は命の危険と隣り合わせだ。水位計を設置して、遠隔からでも水位を把握できるようになりつつあるが、財政支出が厳しい理由から完備にはほど遠い。

過疎化が進む地域では、災害情報の伝達がうまくいかず、脆弱性が顕在化している地域が多い中、河川の状況確認から高齢者の避難誘導の中心を消防団員が担ったことで、被害が最小限に抑えられた地域もあった。

災害が発生すると、行政サービスに支援を期待する人がほとんどではないだろうか。しかし、大災害がひとたび発生すると、行政機関はパンク状態に陥ったり自治体庁舎が被害に遭ったりした場合、対応は後手に回ってしまう。地域間の横のつながりこそがものを言う。危機的な財政状況の下、消防署などの「公助」（常備消防）にかける予算は大きく増やせないため、「共助」の中核を担う消防団への期待は大きい。

災害に対応する共助組織として、消防団のほかにコミュニティーレベルの住民組織として自主防災組織も存在する。「自助」組織ともいわれている。メンバーは主に自治会や町内会の役員で構成され、高齢者が多いことから、全国的に防災訓練などへの参加率が低い。住民の避難誘導や救助において、緊急時にどこまで機能するか分からない部分がある。普段から訓練されていて、災害時に実効性をもって活動できる消防団と比較すると、技術や知識面の差は明らかだ。

## 迫る災害への備えとして

近年、消防団員数が減少傾向にあるため、消防団と自主防災組織の連携が重要課題の一つとして挙がっている。地域防災のリーダーを担う消防団員が非常時に自主防災組織の指揮を執ることを防災計画に明記している自治体・地域コミュニティーもある。自主防災組織の活動を担う人たちは、「大規模災害団員」が多い。消防団員をリーダーにすることで、応急手当や防災機材の使い方のノウハウを広く共有している自主防災組織もある。内容自体は地味そのものだが、細かなフォローアップが地域防災力の向上につながる。

例えば、仙台市宮城野区の福住町町内会では、災害時の役割分担や緊急時の連絡網を盛り込んだ防災マニュアルを作成した。緊急時にライフラインが停止したことを想定し、避難生活に必要な発電機や暖房器具、食糧などを集会所に備蓄している。地域間の横のつながりがなければ、情報は共有されない。非常時の備えに向けた消防団と自主防災組織の連携は広げていくべきだ。それぞれの立場で「できること、できないこと」を明確にすることも重要だという。

平成の大合併では、３２３２あった市町村数は18年10月時点で１７１８となり、ほぼ半減した。合併によって、自治体が所管する面積が拡大したため、結果的に地域防災力が低下してしまった地域もある。

過疎化や少子高齢化が進んだ地域で、災害時の備えは、自治体の議会での答弁や予算編成における重要課題として取り上げられている。非常時には、消防団員間のコミュニケーションは欠かせない。公的支援が機能するまでの間、地域住民が協力して助け合うための共助の組織として、消防団は不可欠という理由などから、機庫での飲み会や研修という名目での慰安旅行についても、自治体は目をつぶってきたが、近年では機庫での飲み会開催を禁止する自治体もある。個人に支給されるべき公金が本人に行き渡っていない中、公金を原資とした飲み会や旅行が開かれている一方、地域の防災・予防活動はほとんど実施されていない団もあるためだ。自治体にも、行きすぎた不正を見過ごす訳にはいかないという雰囲気が出始めている。

# 4・2　腐敗した組織のほころび

## いい加減な訓練、ずさんな収支報告

消防団に関する取材を始めてまもなく、岡山県の県北にある農家を取材する機会があった。岡山は温暖な気候として知られ、災害も少ないという地域性もあって、移住者が増えている地域。東日本大震災をきっかけに関東から移住してきた30代男性は、移住後まもなく消防団の副団長を務めるようになった。移住する際、相談に乗ってくれた男性が消防団の幹部を務めていて、勧誘を受けたためだ。消防団の活動に興味はなかったが、ここで断ってしまうと地域から村八分にされることを恐れて、入団することにした。

「災害が起きなくても、行方不明者が出た時に消防団員と警察が連携して、捜索する結束力には驚いた。ただ、入団して2年以上たってもいまだに操法の仕方や手順についての訓練がないのが心配でね。せっかく入団したからには、せめて技術や知識を身につけられたらなと思って飲み会が開かれる時とかに、教えてほしいと言っても『また今度』とはぐらかされてしまって。最近は、災害が起きた時に自分の命をまず守れるのかどうかが少し不安です」

消防団員だからといって、誰もが最低限のスキルが身についているようではない。また、奈良県のある市で40年以上団員として活動している男性は、

「訓練はいい加減で、正直に言って一人でポンプを操作して放水する自信はゼロです。５０００万円以上かけて自治体に購入してもらったポンプ車が機庫にありますが、装備品を現場で使うための練習は行われていません。宝の持ち腐れになってしまっていて、大きな災害が起きたとしてもまったく機能しないまま終わってしまうと思います」

と打ち明ける。消防団の活動は、飲み会や慰安旅行などの懇親会中心で行われてきていることがスキル不足につながっていると指摘する。市によると、報酬・手当の支給については個人から委任状をもらうことで、団の指定する口座に振り込んでいるという。

「せめて、会計報告ぐらいしてほしいと何度も要望したんですよ。でも、『公にすると自治会からのお金が減らされてしまうので、それは困る』とか言われちゃって。10年以上前に会計報告がなくなっちゃったんで、お金の出入りに関する情報はさっぱり分かりません。団員からすると、基本的にやりたくない消防団をやってあげているので何が悪いんですか、という考えの人もいるから皆が皆、不信感を抱いている訳じゃないんですけどね」

慣例を重視する風土は、指揮系統において重要かもしれない。だが、団員でさえも分団の収支報告や訓練の在り方に疑問を持っていて、結果的に団員の士気の低下につながっている面もあるようだ。

## ペーパー消防団員

山形県遊佐町のある消防団では、飲み会には参加するものの火災活動や訓練には参加しない団員を「ペーパー消防団員」と呼んでいる人がいる。

「入る時にも何も説明がなかったので、分団の規程を見せてもらうように求めたら、職場まで圧力かけられたんですよ。職場の上司から『お前なんか余計なこと言ったらしいな。なんか文句あるのか』って言われて。もう会社の事情やプライベートよりも訓練活動を優先しなければいけないことが多くて、飲み会で多く飲んだ人が得をするゆがんだ状況です」

2018年、火災予防を呼びかける際に町から支給される巡回広報手当が未払いになっていることが発覚している。手当は団員1回当たりの出動単価を1300円とし、防火パレードのある4・11月の2カ月分を除く10カ月分、計約70万円分が未支給だった。その後、一度は報酬・手当を個人口座に直接支給する案も検討されたが、なくなったという。理由は分からず、幹部から一方的にその旨が通知されただけだった。

「腐敗した組織のほころびは一つの問題だけを抱えている訳じゃないってことです。報道で消防団に関する不正事案のニュースを見るたびに、他にも公言できないような案件をいくつも抱えているんだろうなっていう目線で見ちゃいます」

諦めに近いようにも聞こえた。

消防団によるアンケートでは、報酬や手当を多少なりとも受け取っている団員は全体の4%にとどまっていることが分かった。

## 4・3　矛盾

### 縮小への抵抗

幽霊団員の常態化や報酬・手当の不正請求が繰り返されている場合、必ずとはいえないものの、訓練などの日頃の活動がほとんど実施されていないケースがあった。団側にも言い分があり、消防団は多くの地域で慣例的にお祭りの見回りや防災啓発活動への参加など、幅広い業務にたびたびかり出されてしまうというのはこれまで触れてきた。本業の仕事を抱えながら、休祝日を利用して訓練に充てる時間を確保するのは難しいという。報酬・手当をプールして懇親会費に充てるのは、分団幹部から団員へのせめてもの慰労という意味も込められている。

消防団の活動は、ボランティアではない。どこかから費用を捻出しないといけない。自治体によっては、災害や訓練に参加すれば手当を支給する一方、巡回や警備では支給されない場合がある。支給対象の活動に上限を設けていることもあり、線引きが非常に曖昧だ。

個人に支給されていないケースだと、どの活動が支給対象に該当するのかそもそも政府は分からないという。消防団に係る経費は、市町村が負担すべきものだが、その市町村が消防団に出動の要請をし、ボランティアとして出動させている実態もあることから、自治体にとって消防団は都合の良い組織という側面がどうしてもある。

また、技術向上のための操法大会も、良い成績を残すため訓練を頻繁にやると、手当がかさんでしまう。意識高く活動に臨むほど、矛盾が生じてしまう。地域社会の要請に消防団が

真面目に応えようとすればするほど、問題が生じてしまいやすいのではないだろうか。千葉県内で団員を務める40代男性は、

「操法大会の整列とかは現場では何も役に立たないし、仕事前の午前4時半とかに起きて6時まで練習する時もあります。かなりの負担で、この大会があるから消防団に入らないという人も結構いるんです。幽霊団員や分団長とか幹部を除くと出場できる人はいないのが実情で、分団長に選手として出てくださいなんて言えません。正直、毎年中止になれと祈っています」

と心情を漏らす。その上で、

「悪質性かどうかを問わずに幽霊団員は切っていかないといけないと思うんです。いざという時に動員力を発揮できなかったら意味がない。相対的には数は減ってしまうけど、分団の下部組織の部・班に人がいなくなるので、部と部を統合させていくべきで、活動意欲がある人たちが集まってやる方が張り合いがあると思うんです」

と提言する。同様の意見は、２０２０年末に総務省で開かれた「消防団員の処遇等に関する検討会」でも挙がった。重川希志依《きしえ》・常葉大学大学院教授は、

「1回の出動の解釈が各地でばらばらで、地域のために我慢している業務もある。報酬の支

払いについても不明瞭なところがすごく多い。これまでは団のためにというところで、なんとか乗りきってきて、納得してきたものが押し通せなくなっている。解釈の違いが結局、マイナスに働いていくんじゃないかなと思っています。ちょっと大胆ですけれども数減ってもいいじゃない、本当にやる気がある人が少数精鋭で、やる気のある人でやってもらうのも一つだと思うんです」

とも提言している。実際に、静岡県東伊豆町では、幽霊団員を整理した上で、消防団員の条例の定数を330人から280人に引き下げた。他の自治体が定年制を廃止する傾向がある中、現役の消防隊員の方から定年制をなくすといつまでたっても消防団を抜けられないという指摘もあって制度は設けたままだ。255人（2020年4月時点）をなんとか確保できるという。また、操法大会をなくして、浮いた経費を大型車両の運転免許取得にかかる費用に回すようにしている。

ただ、東伊豆町のようなケースはまれだ。見直しには少なからず障壁や抵抗がある。神戸市中央区の中央消防団全10分団では2018年、団員の報酬が個人口座に振り込まれた後に、全額が団に集められていたことが報道された。市は2008年、一括支給していた団員報酬を個人の口座に支給するように方針を切り替えていたが、あの手この手で手法を変えることで末端の団員には支給されていない実態が判明した。集金は、毎年４月に団員約１５０人の口座に報酬が振り込まれた直後に徴収していて、プールされた資金は、懇親会費、親睦旅行などに使われていたという。報道を受け、神戸市は該当するすべての分団が全額徴収をやめた。一部分団は報酬が入金される団員個人の通帳やキャッシュカードまで管理していたが、すでに団員に返却したという。

## 大切な「見える化」

神戸市では、１９９５年の阪神・淡路大震災後、消火器の取り扱い訓練や大規模な地震対応の総合訓練、津波避難訓練などを実施する防災福祉コミュニティー事業を開始している。消防団も都度、参加しなければならなくなった。各消防団は、管轄区域内に平均で20近い防災コミュニティーを受け持つことになっている。それぞれの防災コミュニティー行事の際に参加しなければならないため、消防団の仕事は震災前よりはるかに増えている。

しかし、防災コミュニティー事業の活動は、消防団の本来業務ではなく、活動手当の対象外になる。ただ、さまざまな経費が必要になるため、それを報酬や活動費で補う必要が生じているという。活動の対価として支給されるべき報酬・手当が別の活動の経費に充てられていて、複雑化している。消防団だけを非難できない側面もあり、災害の予防に向けた啓発活動に真面目に取り組むほど運営が難しい。

神戸市を含めた各自治体では今後、首都直下型地震や南海トラフ巨大地震などの大規模災害が起きることも予想される中、「地域防災計画」の策定も進みつつある。ここでも、その中核組織として期待されているのは、消防団だ。２０１８年に西日本を中心に全国的に広い範囲で発生した西日本豪雨の検証報告書でも、消防団の役割に触れた供述がある。

「南海トラフ地震が起こって、津波がやってきた時に、消防本部や消防団を、広域にどう活動させるのかというのは重要なマターだ。イニシアティブを持って消防と議論する必要がある」

協議段階から、たびたび同様の発言の指摘が検証委員からあり、消防団の役割について議論があった一方、運用方法や活動の原資をどう確保すべきかについて言及はなかった。報酬や手当の単価を上げるべきだ、という議論が地方議会で交わされることがある。一部の自治体では実施しているが、消防団の活動が多様化する中、手当として訓練や災害、警備や予防活動を一括りにするのではなく、活動内容や職務時間によって支給単価を設定し直すことで、わずかながらでも活動ごとに対価を支給していくべきではないだろうか。

単価を設定するには、予算の試算が必要になる。そこで、欠かせないのが幽霊消防団員の把握・改善。誰が、いつ、どんな活動に参加したかを「見える化」することで、適切な訓練回数も見えてくる。分団ごとの活動内容の比重を分析することもできるだろう。その上で、行政機関が設置する災害対策本部では、消防団の配置や、人命救助などの活動状況を把握するため、自治体と消防団、地域が連携強化を図っていくべきではないだろうか。総務省の担当者も、

「活動実態の方も一定程度把握した方がいいのではないかと思っている。1回あたりの平均活動時間や一定期間内の活動回数も調べていく必要がある」

とコメントしている。

## 事故・事件が起きてからでは遅い

大きな災害では被害が各所で多発するので、消防署員がすぐに駆けつけられないケースがある。地域に密着する消防団の動員力や機動性は大きい一方、業務によっては命がけだ。2

011年に発生した東日本大震災以前をさかのぼると、古くは1972年、高知県土佐山田町（現香美市）で、集中豪雨による土砂崩れで生き埋めになった消防団員1人の救出作業中に崩落が起きたケースもある。救出作業中だった消防団員が生き埋めになり、消防団員らを含む60人の死者を出す悲惨な事故もあった。

また、消防団員が加害者になってしまった事案もある。愛知県豊橋市では、消防団員が火災現場に出動中、対向車を避けるため、運転していた団員が運転を誤り、道路から水田に転落。下敷きとなった市民が死亡した事故もあった。名古屋地裁の判決では、運転者は特別地方公務員であり、公務出動中に発生したとして市にも責任があると結論づけた。

2016年中の消防団員の公務中の負傷者数は994人。最多は訓練中の663人で、火災や風水害の災害出動中の負傷は199人だった。消防職員の負傷者数は1179人で、災害現場だけに限らず、予測もできない危険が潜在していて、油断することなく危機感を持ち続けないといけない。

閉鎖的な組織風土から不正が生まれ、取り返しのつかない事故・事件が起きてからでは遅い。企業やその部署、役所、プロスポーツでもそうだが、組織内で問題が表面化すると、次々に課題が浮き彫りになり、やがて衰退することが多い。不正事案の頻発が、必ずしも組織の衰退につながるかは言いがたい点はあるが、人的な問題がなければ不正は起きない。改善は容易ではない。

今、消防団の分団内で何が起きているのか、国、もしくは自治体は一刻も早く、調査を進めるべきであり、目を背けてはいけない。分団や団の一部の幹部ではなく、団員それぞれの個々の要望をすくい上げる仕組みを構築した上でブラッシュアップを繰り返していくべきだ。

## 4・4　将来の担い手

### 学生団員の増加

全国で消防団の高齢化や担い手不足が課題となる中、大学や専門学校の学生団員が増えている。総務省消防庁が調査を始めた2006年から約4・2倍となり、5000人を超えるようになった。全国の市町村でも、就職活動でPRできるよう消防団の活動実績に「お墨付き」を与える認証制度の導入に取り組むなど、若い力の獲得に本腰を入れている。

長期的に消防団員を確保していくためには、若い人材の確保が不可欠だ。阪神・淡路大震災や東日本大震災の発生後には、全国から大学生をはじめとした多くの若者が被災地に集結し、災害ボランティアとして活躍した。このような若者たちは、普段は防災活動などに関わっていなくても、潜在的な意識として人の役に立ちたい、災害時には助け合うことが大切だという認識を持っているとみられる。若者に適切なアプローチをすることで消防団活動への理解・関心が高まるものと期待されている。

一方、学生団員は06年の１２３４人から年１００～６００人ずつ増えていて、大学などの教育機関が管内にある市町村において、「学生消防団活動認証制度」を導入している地域は半数にまで増えた。右肩上がりで伸び続けているには間違いないが、全消防団員における学生団員の割合は１％にも満たない。

また、外国人を消防団員に任命する取り組みもある。消防庁は、

「公権力の行使をしない範囲で活動すること等に留意しつつ、外国人が消防団員として避難誘導や避難所における通訳などの活動、平時における広報活動を行うことは、地域防災力の充実強化を図る上で効果的」

と外国人が将来の地域防災の担い手になり得るとしている。

消防団の武器は、何より地域密着性、要員動員力、即時対応力といった特性は今も変わらない。基本団員の確保とあわせて、大規模災害に備え、常備消防に比べて大量動員が可能な「大規模災害団員」を確保しようと、501市町村、全体の約29％（2019年4月時点）が制度を導入している。大規模災害団員には、消防職員ＯＢや消防団員ＯＢ、本業の多忙などで退団した消防団員も数多く、経験や知見を生かそうとしている。他の消防団員の指導を行う役割も期待され、減少する団員数の担い手をどう確保するかが近々の課題になっている。

こうした取り組みを後押ししようと、消防庁予算においても、事業所の従業員や女性、若者の入団を促すため、毎年1億円超の予算をつけて、団員確保に取り組んでいる。

また、政府は定年制の撤廃についても積極的に進めるよう自治体に促している。2019年4月時点で、全体の約25％（436市町村）において、定年制が設けられている。消防庁は、高齢化が進んでいる社会情勢や定年制の運用による消防団員数の減少を考慮して、定年の引き上げや制度の撤廃、条例改正を検討するように通知を出している。中でも、定年を60歳未満に設定している市町村に対しては、原則、22年3月末までに解消するよう求めている。

## 進む法整備、定着という課題

学生団員が増加傾向にある要因には、こうした政府の支援策に加え、新たな制度の導入や法整備がある。消防庁は団員減少と高齢化に歯止めをかけ、学生や女性が加入しやすくするため、２００５年に「機能別団員」の制度を創設した。

家庭や仕事の都合で消防団のすべての活動に参加できなくても、「勤務先で」「大規模災害が起きた時」「広報だけ」などと、何かに特化した活動をしてもらう団員で、09年4月の５４１０人から17年には１万９００４人に増えた（いずれも速報値）。

13年には国や自治体に、住民や大学生らの消防団加入を促進するよう求める「消防団を中核とした地域防災力の充実強化に関する法律」が施行され、各地の取り組みも本格化している。消防庁が、消防団活動の実績を市町村長が認証し、就活でアピールできるようにする「学生消防団活動認証制度」の創設を全国の自治体に提案するなど、積極的な舵取りが目立つ。

ただ、試しにホームページを見てみると、自治体によっては消防団員の募集ページで多様な制度を掲載していなかったり、たどりにくかったりすることもあった。制度の認知や団員確保に向けた本気度が根づいているとはまだまだ言いがたい。

人口の約１割を学生が占める京都市でも、「学生パワーを消防団に生かそう」と行政が積極的な支援策を展開しており、学生団員の増加につながっている。

京都府は、消防団に関心を持ってもらうきっかけとして、15年度から各大学に消防・防災学生サークル「ＦＡＳＴ（Fire and Safety Team）」の設立を呼びかけ、これまで同志社大、京都産業大など８大学（計約２００人）で結成された。府が各大学のＦＡＳＴにヘルメットやユニホームなどを無償で提供。防災意識を「０→１」へ、「１→∞」へなどという部則を掲げている。ＦＡＳＴの学生らは地域の消防団や消防署が行う防災訓練や啓発イベントに参加しており、これを機に消防団入りを決めた学生もいる。

京都市も、学生が消防団に入りやすい環境をつくろうと「学生消防団活動認証制度」や「報酬制度」を創設したほか、市条例を改正して任用資格に「(区域内に)通学する者」を追加した。府と市のこうした支援策で、京都市内の学生団員は16年に１００人を突破。一方で、若い担い手が消防団に定着できるかどうかが課題になっている。

## 若手に募る不信

若い消防団員は、消防団の運営の在り方をどう思っているのだろうか。

総務省によると、21～30歳の入団者数は２０１１年比41％減で、31～40歳、40歳以上と比較しても減少幅は大きい。41歳以上及び51歳以上の入団者数は増加傾向にある中、若年層に有効な施策がいかに打てるかが重要になっている。

東京都の大学４年生の竹田直樹さん（仮名・22歳）は、３年前の夏休み中に、地元の防災訓練に参加した際、知り合いの消防団員から勧誘を受けて入団した。

東日本大震災や度重なる風水害がニュースで報道されるたび、防災への関心が高まり、消防団で生まれ育った町の防災活動に貢献してみたいと思ったことが決め手だった。

しかし、入団してから特段の教育はなく、防火服の着方や消火栓の開け方、消防活動のいろはを含め、何も分からないまま災害現場に出ることになった。新入団員向けの教育が一切なかったことで不信感が募り始めた。役所が教えてくれたのは、けがした場合の公務災害の申請の仕方だけだった。資機材が何のためのものか、どういう時に使用するかなどの説明はないままだった。

「現場に出てそこで学べという古いスタンスをそのまま引きずっているのかもしれないですけど、スーパーのレジ打ちのアルバイトでも事前にある程度研修を受けますよ。死やけがなど、命に関わる問題なのにあり得ないな、と思ったことはよく覚えています」

入団後、消防団に対する期待が一瞬にして砕けたことは他にもあった。肝心の訓練は、ポンプ操法大会向けで完全にスポーツ化した大人の運動会と訴える。

「操法大会はラジオ体操のようなものだと思います。運動（消火活動）をする際に基本となる動きですが、全国の消防団員が私生活を削り、ラジオ体操を極めているようなものです。はっきり言って自己満足だし、市民のためになっていない」

## 改善されない現状

消防団員のための教育用教材がまったくない訳ではない。基本的な規律、消火器やＡＥＤ（自動体外式除細動器）などの使い方を説明する教材が消防庁のホームページで公開されていて、誰でも手軽にアクセスできるようになっている。消防団だけにとどまらず、自主防災組織や女性防火クラブなどを対象にした訓練でも活用が可能な教材となっているが、なんにせよ認知度が低い。自治体の担当者でさえも知っていないケースがあった。消防団員はそれぞれ仕事を持っている場合がほとんどで、訓練のための時間の確保がそもそも大変だ。できる限り、効率的に充実した訓練ができるように工夫することが重要だ。

消防団に加入する利点として、従来は①地域社会の一員として、地域の安全に貢献していることを感じることができる、②応急手当の技術、消火用器具の使用方法などの知識や技術を身につけることが可能、③体力がつき、仲間づくりにもつながる——とされてきたが、竹田さんの分団では理想とはほど遠い。

問題意識を自治体の担当者に2回電話で伝えた。

「操法大会の開催や内容については団本部が判断することなので。事務局は関与できませんが、会議でこういう意見があったとは報告させていただきます」

と軽くあしらわれただけだった。意を決して再度訴えたが、まったく取り合ってくれなかったという。

報酬や手当についての管理は、まだ内情を分かっていない入団時に、団に一任するという委任状を必要書類とともに提出したため、団の管理となっている。委任状を見せてもらった。

そこには、「△△から支払われる消防団員報酬及び出動費、各種手当て等の一切の受領に関する権限を委任いたします」と書かれていて、委任する理由や使途については、一言も触れられていない。

報酬を分団の運営費にするメリットは、行政側にも団側にもある。行政側のメリットは消防団にかかる費用を削減できることだ。団員らは現状の装備不足を認識しているため、運営費でより安全性の高い防火手袋や必要な救助用資機材を購入している。本来は行政が責任を持って負担すべきものだが、予算不足を理由に現状維持が続く。この点については、政府も問題意識を持っている。総務省の担当者は、

「ポンプ車のガソリン代をなぜ、消防団で負担しなければならないのかとか、『おかしいんじゃないのか』って声も聞いています。財政状況が厳しいのは分かるんですけど、市町村が予算化して改めるべきポイントだと思います」

と言いきる。分団が公金をある程度自由に使えている背景には、不可解な点が多い。活動実態のない幽霊団員などを多く在籍させるほど団の予算が増えることになり、不正の温床にもなっている。両者の利益が一致しているため、なかなか改善されないのが現状だ。

## ３つの改善案

### 過剰な業務の見直し

竹田さんが団に求める改善案は主に３つだ。

１つ目は、分団員の負担となる過剰な行事の見直しだ。多くの消防団員は生業を持ちながら活動するため、操法大会をはじめとする行事のボリュームが大きくなると本業や私生活、家族への負担が増える。それが嫌で辞めていく人もいるという。ポンプ操法は消火活動の基礎だが、大会では一糸乱れぬ動きを追求するあまりに、現場に即した動きではなくなってしまっている。他県では、このままでは団員の確保や維持が困難として大会を廃止し、地域の特性に合わせた訓練へと見直した地域もある。

「なり手となる若者も少なく、団員の高齢化も進んでいる。大規模災害が迫っている中で対応できるような訓練を行っていくべきだ。消防団も変化しなければならない」

### 退団理由の調査

２つ目は、退団理由の調査だ。

「改善するには、どんな理由で辞めたのかというデータが必要だし、そもそもそういった情報がまったくないことに正直驚いた。消防団に失望した声は僕だけじゃないはず。予算がかかる話でも何でもないし、単に手間がかかり、ブラックボックス化している問題をつかれたくないだけとしか思えない。情報を集約すれば、効果的な改善策が浮かぶはずだ」

竹田さんは、自治体や議員に訴えても腰が重いため、メディア・市民向けにインターネットなどを使って発信していく考えだ。資金使途の透明性を確保するだけでなく、消防団の認知度向上も狙いだ。

「公務員でありながら、ボランティアの側面を持っていることはほとんど知られていない。自治体も都合の悪い時だけボランティア扱いにしていて、曖昧な面があるのでそうした実態がなかなか知られていない」

竹田さんは、友人を消防団に誘ったが、半数は古い組織風土に嫌気が差して来なくなった。幽霊団員化しているという。

「自分自身よく分かっていないのに勧誘してしまって後悔している。彼らが活動でけがしてしまったら申し訳ない。災害には決して無理をしてまで出てほしくない」

## 報酬・手当の個人支給

３つ目は、報酬・手当の個人支給だ。竹田さんの所属する団では、災害活動や訓練などに参加すると、１回数千円が支給されることになっているが、団の幹部にまとめて支給される流れだという。チェック機能がないため幽霊団員だけにとどまらず、参加頻度が少ない団員を利用した水増し請求が常態化している。

「大なり小なり、役所に提出する出動報告書を見れば、『あの人来ていないのに』と思うことはしょっちゅう」

不正に見て見ぬフリするしかない状況に苛立ちを感じている。竹田さんは、手当の細分化を提言する。

「例えば、本来は３０００円個人に支給して、そのうち５００円は団の運営資金に回すなどやり方はいろいろあるはず。支給元の行政は手間がかかるかもしれませんが、だからといって不正請求を容認するようなシステムを放置していては、誰も行政を信頼しませんよ」

もちろん消防団はお金が目当ての集団ではないが、少ないながらも活動の対価として報酬や手当を手にできればモチベーションの一つになる。報酬や手当も年額にすると10万円を超える場合がある。どんな理由であろうが、公金を不正に受け取ってよい訳ではない。

若者にとって、報酬・手当はわずかながらも生活費の足しになる。年末になると、自宅に報酬・手当の額が記載された源泉徴収票が届く。アルバイトで働いていれば、年収１０３万円以内だと、所得税がかからない。しかし、竹田さんの場合、毎年10万円前後が報酬・手当として支給されるので実質約93万円を超えると所得税が徴収されることになる。手元に届かないのに、収入に制限ができることにもどかしさがある。

最初は割り切って考えていたが、団にプールした費用で不正まがいな事案が起きていることを耳にすると、黙ったままではいられなかった。

「心が折れるのも時間の問題な気もします。最近では考えすぎたり腹が立ったりなどで疲れきっていて。出る杭は打たれるとよく言いますが、私の思いも疎ましく思っている人がいるはずです。組織と表だって対立することは分かっているんですが、居心地が悪くなって駆逐されるだろうなという予感はあるので、その前に問題提起できればと思っています。消防団のクリーン活動ができなければ、今後一切の関わりを持つ気はないです」

飲み会やこうした不正事案でも、寄付と公金との区別がなかなかつきにくい課題がある。行動を起こした上で分団の体質が変わらなければ、誘った友人と一緒に退団する覚悟だという。また、竹田さんは報酬・手当だけにとどまらず、自治会などからの寄付金の使途にも言及している。

「寄付金であれば、自由に消防団が飲み食いしてもいいのではないかという指摘もあるかもしれないが、それは筋違いだと思う。そもそも、団にはどういったお金が集まって、どんな使い道になっているのか明細がまったく示されていないし、まっとうに活動すればするほどバカらしくなり、結果として腐敗にしかつながらないですよね」

不正事案の再発防止には、会計表を団員に開示することが先決だと主張する。

## 言いたくても、言えない

災害時におけるマンパワーは重要だ。消防団員は約82万人いる一方、消防職員は約16万人しかいない。警察官についても約28万人にとどまるため、大規模災害時における消防団員の動員力は大きい。竹田さんはそうした自覚を持ちながら、現在は班長として、分団の部長不在時は、代わって訓練などの指揮を執っている。実際に、火災現場に出動したことも何度もあるという。

「ベテランの団員がたくさんいるのでサポートをしてもらっている」

一定のやりがいも感じているため、退団するまでには至っていない。竹田さんの所属する団では、飲み会代はタダだ。また、年1回、1泊2日で慰安旅行にも出かける。竹田さんが所属する団でも夜の飲み会はコンパニオンを呼ぶ。この年1回の慰安旅行を目的に団の活動に参加している人もいる模様。参加者は15人いるうち、6～7人で、幽霊団員も1人いるという。

「やる気がそもそもなくて、飲み会だけ来る人も何人かいます。本質がずれていて、ゆがんでいると思うんですけど、言えない。だって、個人に払うべき報酬・手当を支給していないんですから。そんな人に訓練や火災出動にも来てくださいって強く言えないんですよね。ちゃんと個人にお金を払うことで、報酬をもらったからには訓練も参加してくださいって、団も自治体も強い態度で言えると思うんですよね」

## 政府の見解

消防庁も、団員の確保にあたっては、

「入団促進に向けた取り組みと退団への対策の両方を講じることが重要で、使わなくてもいいような無駄に惜しみなくお金を使うその姿勢に疑問を持ってもらうために、まずは消防団を巡る問題を明るみにして、社会に知ってもらうところから再スタートすべき」としている。その上で、団員確保に向けた先進的な取り組みだけを参考にするのではなく、現状の課題についても分析を行うよう促している。

消防団員数が全国的に減少傾向にある中、19年４月時点で消防団員数が前年に比べて増加した市町村は３７５自治体ある。団員数が増加している神奈川県や京都府では、不思議と早い時期から報酬・手当を団ではなく、個人に直接支給するよう切り替えている。幽霊団員や手当などの水増し請求を防止するため、一定期間活動実績がない団員には年報酬を支給しない制度もあり、消防団員が安心して活動できる環境整備が団員確保につながる可能性が高いとみられる。

消防庁では、全国の市町村を対象に、「消防団の組織概要等に関する調査の結果」として、消防団員数を始め、女性、学生、機能別団員数や職業、就業形態別などの統計を取っている。しかし、一定期間活動がない無活動の団員についての調査はこれまで実施されていない。政府は２００５年に閣議決定された「国民の保護に関する基本指針」で、

「消防庁及び地方公共団体は、地域住民の消防団への参加促進、自主防災組織の核となるリ

ーダーに対しての研修等を通じて消防団及び自主防災組織の活性化を推進し、その充実を図るとともに、国民保護措置についての訓練の実施を促進するよう努めるものとする」としている。幽霊消防団員の実態把握や幽霊団員を利用した水増し請求などの不正について、調査の実施や抜本的な改善が図られていない中、基本指針に明記されている「消防団への参加促進」「活性化を推進し、その充実を図る」は守られているのだろうか。基本指針には、「国民の自発的な協力が得られるよう努めるものとする」とも記されている。不正を始めとする問題が次々と明るみになりつつある中、地域住民の目線に立った組織の立て直しに向けた舵取りが、政府・自治体に求められている。

## ４・５　デジタル化の波

### 実態の表面化

米ＩＴ大手「Google」が提供している機能の一つで、特定のキーワードを登録すれば、そのキーワードが含まれる情報がウェブ上に流れた際に自動的に通知してくれるサービス「Googleアラート」がある。この機能を利用し、「消防団」とキーワードを登録している。

２０１９年４月から１日１回、通知が届くように設定したが、試しに「消防団　不正」「消防団　着服」「消防団　流用」と検索すると、それぞれ延べ20件以上の事案がヒットした。ほとんどが地域ニュースにとどまっているものの、消防団を巡る問題は、一向に収まる気配はない。

一方、報酬・手当を分団の口座ではなく、個人の口座に振り込むように切り替えた自治体が増えていることは一定の評価ができる。個人口座に振り込むことで何が変わるかといえば、団で報酬・手当をプールできなくなるという直接的な効果があるだけでなく、実は個人に支給されるべき公金であるという認識が根づく。現役団員に取材していると、意外にも報酬・手当が個人に支給されるべき性質の対価であることを知らない人もいた。制度の正しい理解が進むことが考えられる。

消防団の長い歴史をさかのぼってみると、報酬・手当がそもそもなく、個人ではなく、団や分団の指定する口座に一定の運営費が振り込まれるのが一般的だった。

北海道旭川市では、委任状の提出を受けて分団の指定する口座に報酬・手当を振り込んでいる。その理由について、同市は「団員個人の強い要望で支給方法が決まっている」としている。しかし、全国的には横領などの不正事案や幽霊団員の存在が表面化してきて、傾向としてはいったん個人の口座に振り込んだ後、分団が再徴収するという手法が広がっている。

だが、新規団員が半信半疑のまま書いた委任状について、後々になって疑問視する声が上がっている。個人に支給されるべきなのに、なぜ団や分団に再徴収されるのか、納得できる説明はされないまま委任状を書かせているケースが多いからだ。少しずつだが、閉鎖的な組織の実態が表面化しつつある。

## 行政にとってのアンタッチャブル

そういう意味では、消防団、消防署・局も以前に比べて、報酬・手当として支給された公金で私腹を肥やすことはしにくくなっているかもしれない。委任状を書かせる手段については、多くの自治体にとって「ある程度の不正の抑止効果」がある認識と考えているのだろう。

「個人口座への振り込みは、多少の行政コスト・手間がかかるものの、やろうと思えばできる」

地方のある自治体職員は断言する。市町村が決断さえすれば進みそうな話だが、ハードルは高いという。また、委任状の中身や範囲については、ルールづけは何もない。消防団によっては、委任状の提出をもって個人の通帳、キャッシュカード、印鑑ごと分団が管理してしまっている場合がある。

政府の見解も曖昧だ。

「個人支給は原則ですけど、団員さんが本当に分団に一任することを良いと思っていて委任状を提出するのであれば、我々はそれを否定する話ではありません。ただ、『私は納得していないぞ』っていう人や、みんなの前では言えないけど、内心不満に思っている人もいる。いろんなところで問題が起きているというのはあると思います」

こうした場合、支給元の自治体からは本当に報酬・手当が個人に行き渡っているかどうか分からない。千葉県で公務員として市町村行政に携わりながら消防団員として活動する男性は、

「行政がしっかりすべきという意見を持っている人が多いと思いますが、実際は難しいと思います。消防団には、地元の名士やその子が多く所属していて、保守系の議員とのつながりが極めて強いんです。行政職員の判断で何かをしようと思っても、議員からの圧力によって

潰されてしまいます」

どの自治体も財政状況が苦しいこのご時世に、団長ら幹部の飲み会の送迎を休日夜間問わず、自治体職員が行うこともあるという。

「こういった既得権益・利権を注意すべき議員が率先して消防団の強化を訴えているのですから、行政の判断でなんとかすることは厳しい。消防団の話はアンタッチャブルとされています」

かつては、正義感の強い自治体職員が消防団の改革を団員たちに根強く訴えたこともあったという。しかし、団側から激しいバッシングを受けたばかりか、不自然な人事異動ですぐに職場が変わってしまったこともあったという。男性は、

「消防団と政治の関係性、自治体が消防団にどれくらいお金を使っているのか、検証することはないです。費用対効果があるのかないのか、自治体職員である私でさえもなかなか分からないですし、時代錯誤で閉鎖的かつ隠蔽体質であることは誰もが思っていることです。だからという訳ではないですけど、消防団に不信感を持っている自治体職員って一定層いますよ」

分団から個人口座に振込先を変更したとしても、必ずしも抜本的な改革にはつながってい

ないと指摘する。委任状を書かせるなどして、個人から報酬・手当を巻き上げるような地域間の対応には自治体もなかなか立ち入りができないからだ。自治体は分団が個人から報酬・手当を再徴収していないかどうかをチェックしていく必要があり、スマートフォンを利用して団員個人から報酬・手当の受け取り通知をするといったデジタルシステムの普及が例に挙がる。報酬・手当を個人の口座に振り込むだけでなく、ちゃんと受け取っているかについて確認していくことはできないだろうか。

## デジタル化で不正を防ぐ

少しずつだが、消防団活動の一部に疑問を持っていて、公金流用といった不正に問題意識のある自治体職員・議員らによって仕組みの見直しが進みつつある。しかし、不正防止に向けたチェックをどう実施していけばよいのか。多くの自治体が解決策を持ち合わせていないため、問題が放置されている面もある。

アナログから、ごまかしが利きにくいデジタルシステムの導入を検討していくべきかもしれない。大半の自治体では、消防職員や危機管理課の職員らが、分団から提出された報告書をデータ化する作業に追われている。また、人口10万人以上の自治体のうち、京都府宇治市や千葉県佐倉市など20市超は、自治体側に出動履歴を確認する資料がないなど、団員の出動状況の把握ができていない。報酬・手当の支払いについて、こうした自治体の9割超が個人ではなく、分団が指定する口座に支払っている。デジタル化への移行で、予算や支給の在り方の透明化を図ることができると期待されている。

一つ、ヒントになる取り組みがある。

アプリを活用して、出動履歴を管理する方法だ。消防団の出動要請はこれまでメール、古くは電話で行われていた経緯がある。活動できる団員の動態管理が可能なツールがあれば、個々の消防団員がどこで活動できるのか把握し、緊急時の人員配置を速やかに進められる。幽霊団員の発生の防止につながるだろう。

アプリを活用してサービスを提供する防災ベンチャー企業「タヌキテック」（京都市中京区）は、出動指令をプッシュ通知で知らせ、現場情報から消防団員の動態に応じて報告できるシステムと現場での動態管理のツールを開発した。東京消防庁などが導入の検討を進めているという。

開発されたアプリは、消防団向けのアプリ「FireChief」。

消防団向けのアプリ「FireChief」

「消防団向けの業務改善が最大の目的です。出動管理や出動した団員の情報を自治体にも速やかに送れるので、事務作業も大幅に削減できます」

アプリは、団員1人につき、月額300円かかる。今までだと連絡網を作って電話やメールで出動の際は幹部から団員に連絡していたが、アプリの操作一つで全員に通知が届く仕組みだ。火災現場や詰め所に近づき、現地到着すると状況が記録され、団員の参加状況や活動位置を可視化できる。実際に出動した団員の見える化だけでなく、自治体側としても動態管理ができるため、出動手当の超過請求の防止につながるとされる。特定の管理者が入力するのではなく、団員一人一人が自分で出動報告することができ、情報は行政機関に直送される。また、出動報告書を郵送で届けたり、持ち込みで提出したりする負担もなくなる。一定の費用はかかるが、不正請求による無駄な公金の流用が防止できると思えば、決して高くない金額ではないだろうか。

「紙ベースの情報管理からデジタルへの移行が肝で、誰がどれぐらいの人数が出動しているのか自治体側も確認できる。大規模災害時でも、リアルタイムで配置体制の可視化ができるようになりました」

東京都世田谷区や福島県二本松市などで試験的に導入していて、協議が進んでいる。同社によると、他に団員の出動管理までできるサービスはないという。二本松市の担当者は、「現状だと防災ラジオで市内全域に広報したり、消防団の幹部にメールを流したりして災害・火災の発生を把握、出動を要請していて、誰がどこに出動しているかという基本情報を押さえることができるメリットは大きいですね」と語る。

## 防災意識の向上につながる取り組み

消防団活動におけるスマートフォンの活用は、幽霊消防団員の防止や報酬・手当の水増し請求のみならず、団本来の活動においてもメリットがありそうだ。

佐賀県吉野ヶ里町では、佐賀大理工学部の学生ベンチャー合同会社「ロケモＡＩ（アイ）」が２０２０年10月から、ウェブ上の地図に町内の消防水利と防犯街路灯の位置を表示する実証実験を始めた。画面に表示されたグーグルマップ上に、赤い円で「消火栓」、青い円で

「防火水槽」と書かれたアイコンが表示されるという。店舗や施設などの位置情報を共有するロケモＡＩのオンラインマップサービス「ロケモシェア」を活用したものだ。

町から提供されたデータをもとに、町内の消防水利約４００カ所と防犯街路灯約１８００カ所を地図上に表示し、アイコンをクリックすると、消防水利マップでは消火栓の種類と写真や防火水槽の容量、防犯街路灯マップでは水銀灯などの種類が分かる。さらに、公民館やテニス場の予約状況も、スマートフォンの画面上で確認できるようになった。

実験では、火災発生時に消防団や住民がスマートフォンを使って近くの消火栓や防火水槽の場所をいち早く確認できるようになり、防犯街路灯が故障した時の連絡に素早く対応できる効果が期待されている。

19年12月に公開したロケモシェアはオンライン上で自由に使うことができ、東京や山形、島根など全国で約１００種類のマップが作成されている。災害の発生状況といった防災情報が消防団員だけでなく、住民とも共有できるため、防災意識の向上にもつながる可能性がある。

## 地域防災力の強化に必要なこと

最新ツールがあることを、各地の消防団員に聞いてみると、導入を切望する声が多かった一方、ほとんどの団員がその存在さえも知らなかった。タヌキテックのサービスは、ＧＰＳ情報と出動内容の整合性を取るもので、動向管理に嫌悪感を示す自治体や消防団もある。ただ、企業の営業車にもＧＰＳが付けられていることが多いため、消防団の活動内に限定すれば、報告された出動状況と瞬時に整合性が確認できるメリットの方が大きいのではないか。出動手当の透明性を向上させ、公費支出の正確な裏づけを得ることが可能になるだけでなく、消防団費の最適化によって職員の業務負担の軽減にもつながり、傾向も分析できるだろう。

各自治体の消防団担当者は、団の組織風土の改善については賛成だが、幹部団員らに意見をすること自体が難しいと本音を漏らす。デジタルサービスは若者向けというイメージが先入観としてある一方、例えば三菱ＵＦＪ銀行と三井住友銀行、みずほ銀行の３メガバンクを筆頭に、金融機関はすでにデジタル通帳を発行し、紙の通帳から切り替え、移行を促している。

消防団員の平均年齢が40歳超と高くなっているが、日常生活におけるデジタルサービスの波及で抵抗も少しずつ減ってきている。消防団としては、公金の不正請求による甘い蜜が吸えなくなることへの抵抗が予想される。自治体は、幽霊消防団員や報酬・手当の水増し不正請求の防止という本来の目的を表だって主張することは難しいかもしれないが、災害時における迅速な人員配置・状況把握という名目であれば、デジタルサービスを導入するハードルは幾分低くなるのではないか。

　東日本大震災が発生した際には、救助活動に参加した団員が津波に巻き込まれて亡くなった、心苦しい事案もあった。デジタルサービスの導入は2次災害の防止につながる可能性がある。活動中の団員の動態管理ができれば、津波や河川の水位など災害時に必要な情報を確認でき、災害対策本部や他の団員と共有しやすくなることも可能だ。安全管理上の課題解決にもつながるだろう。

　過去の大震災の教訓やきたる首都直下型地震、南海トラフ巨大地震の発生が懸念される中、「消防団を中核とした地域防災力の充実強化に関する法律」も施行された。自治体ごとに設置した消防団が、地域防災力の中核として代替のきかない存在としている中、条文では、「国及び地方公共団体は、その施策が、直接的なものであると間接的なものであるとを問わず、地域防災力の充実強化に寄与することとなるよう、意を用いなければならない」

と明記している。消防団の役割が大きくなる中、不正などの問題事案の解決なくして、地域防災力の強化は図れない。

## 予算をどう確保するか

デジタルシステムの導入に向けて、もう一つの課題は予算の確保だ。初期費用だけでなく、一定の維持管理費がかかるため、限られた財源をどう工面するかがポイントになる。東京都内の50代の男性団員は、

「1カ月、何百円の費用が高いか安いかの問題じゃなくて、まず自治体が出すのか消防団が負担するのかでもめる。自治体がそんなお金がないというのは常套句で、消防団からと言われても、個人に払うべき報酬・手当か自治体から支給される運営費しか財源がないのが現実的。そのお金も飲み会や旅行費に使われているくらいなんで、自分たちの活動原資が減ることに対する抵抗はかなり大きい。結局は自治体が覚悟を持って改革を進めてくれるかどうか、個人で出動報告ができるかどうかだと思います」

閉鎖的な組織であればあるほど、最新のシステムや制度の情報が届きにくくなっているの

が現状だ。リアルタイムの出動状況が、行政や消防職員、消防団と複数の目で見える化されることが重要だ。神奈川県藤沢市では、分団や消防署などから提出される報告書をデータ化し、訓練などを含めて2カ月以上出動履歴がない団員には、活動の継続の意思を本人に確認しているという。アナログシステムでは、活動状況を自治体側がきめ細やかに確認することは難しい。デジタルサービスが、消防団員による不正請求解消の切り札になるかもしれない。



## 4・6　組織風土を変えられるか

### 横浜市の先進的な取り組み

幽霊団員を利用した不正受給や団による横領事件が続発する中、横浜市は報酬・手当の支払い方法を2008年から変更している。

農協系の金融機関や地元の信用金庫など、報酬・手当の振込先の金融機関は自治体側が指定していることが多いが、横浜市では消防団絡みで個人に支給されるお金の受け取りは、新規口座を開設する必要がなく、団員が所有している既存の口座で受け取りできる。

報酬・手当の振込先を新規開設する意図としては、全国的に金融機関の担当者が負っている口座開設のノルマに貢献したり、事務職員の負担を減らしたりする意味合いも強かったが、受け取り手の団員の利便性を考慮した。そのため、新規口座をわざわざ開設する手間が省けた。担当者は、

「団員から出動回数と手当の額が合わないと問い合わせを受けることも増え、個人にちゃんと支給されているかどうかの反応が見えるようになった」

と分析する。報酬・手当はもちろん、個人に支給されるようになった。

報酬や手当は元々支給されておらず、当時の条例でも「消防団員に対する給与は支給しない」と定めていた。その代わりとして、１９６９年から活動奨励費が団に交付されていた。報酬制度に移行されたのは、２００８年から、年８万４０００円（団長）～３万４０００円（団員）が１人あたりに支給され、訓練や防災指導に参加時２４００円、災害出動３４００円が１回ごとに給付される。他の市町村と同様に災害活動や訓練以外に、地域の盆踊りや餅つき大会の警備の活動もある。

分団長は訓練や火災で出動した際、実際に出動したかどうかについて、所定の書類に出欠

内容を記入する。その書類を、毎月10日に管轄の消防署に持ち込む必要があり、市は1カ月ごとに出動を含めた活動内容を確認している。その後、消防署から市にまとめられた書類は、「OCR」と呼ばれるシステムで、自動で読み取られる。入力ミスが防げるだけでなく、情報管理もしやすくなったため、出動管理の確認も時間がかからない。

多くの自治体が消防団から提出された書類をエクセルなどの所定の書式に再入力して管理しているため、業務負担の解消にもつながっているという。また、一定期間活動していない団員には、年報酬は支給しておらず、その判断は人的な確認ではなく、システムが行っている。退職報償金も同様の流れで支払われている。

「分団ごとの運営の数字が追えないことが長年、問題視されていた。毎年、事業計画書を提出してもらうようにしていて、予算と決算額に乖離がないか確認するようにもしている。何より、自信を持って団員の募集ができるようになった」

と胸を張る。以前までは、会計書類の有無についてはさまざまで、団員に公表していないケースもあったが、事業計画書、決算書を自治体に提出することが義務化されて以降は、同様の書類を団員にも開示しているケースが増えている。

横浜市では、初年度こそシステムの導入費がかかったものの年間約1億円弱の経費の削減につながったという。削減分に関しては、備品や車両の更新費用などに充てていて、架空計上を防止するため、領収書の添付が必須となった。横浜市のシステムを巡っては、視察に訪れる自治体も多く、職員が自治体に招かれてアドバイスを送ることもあるという。

「市長の問題認識が大きかったのが決め手だったと思う。一般的に、消防団と政治の関係性は深いといわれているが、公金の無駄遣い削減につながるという意識を持ってもらったことで、予算も獲得できた」

横浜市では、団員数も増加傾向にあり、活動内容の透明性が高まったことが結果として、担い手の確保につながったと分析している。ただ、２０２０年に毎日新聞が実施した調査では、横浜市には、18、19年の２年間にわたって活動履歴のない団員が約１割の８９０人いることが分かった。１年以上活動のない団員には、報酬を支払っていないというが、そもそも団員としてカウントすべきかどうか賛否が分かれる。今後の市の対応の在り方が問われている。

## システムを変える好機

第99代内閣総理大臣に就任した菅義偉氏は2020年9月の自民党総裁選の時から、自らの政策理念として「自助・共助・公助」を掲げていた。災害対応にあたってはこの言葉が以前からよく使われていて、生きていく上ですべてを「自助」で賄うことは難しい。高齢で働けなくなったり、病気になったりした時には「共助」という仕組みを使うことになる。

ただ、例えば社会保険という仕組みに当てはめると、一定の費用負担すらできないという人たちもいる。そうした人たちに対して最後に機能するのが「公助」だ。まさにセーフティーネットであり、生活保護などの生きていく上で最低限の生活保障としての役割を担うのが「公助」となる。

防災においては、すべてを消防や警察、市町村などの公的機関の力に頼ることは不可能だ。災害が起こったら、自分の身は自分で守る「自助」の意識を持つことが何より大切だという。ただ、自助だけでは対応しきれない場合、いきなり「公助」に頼るのではなく、まずは「共助」の役割が大きくなる。大規模災害が発生した際は、公的機関が手を差し伸べることが難しくなる場合もあり、家族や親族、近所や職場の仲間などで助け合っていく必要がある。

共助に近い公的組織、消防団に求められる役割は日に日に大きくなっている。消防団は、地域密着性・要員動員力・即時対応力の３つの特性を持っていて、地域防災力の中核的存在となることが期待されている。

こうした背景を踏まえた上、消防団員の出動報告や活動状況が一般市民、せめて団員同士で情報の見える化を図るべきだ。公金の使途だけでなく、個人に行き渡っているかどうかも含めた透明性をどう確保するかにおいて、消防団と自治体とのつながりをデジタル化させる流れは避けられない。

河野太郎行政改革担当相は20年９月、全省庁に対し、行政手続きで印鑑を使用しないよう要請し、使う必要がある場合は理由を回答するよう求める事務連絡を出した。今後、地方自治体でも同様の動きが広がっていくだろう。報酬・手当の支給について、都度、個人から受領印をもらっている自治体もあり、印鑑を分団で管理している地域もあった。システムの在り方を変えるタイミングとしては、好機ではないだろうか。

## 体育会気質から抜け出せるか

消防団ごとに団員同士のコミュニケーションの取り方や結束・士気を高めることは必要かもしれないが、個人に行き渡るべき公金を使って飲み会や慰安旅行を開くことを疑問視している人たちがいることは触れてきた通りだ。

東日本大震災などの教訓から、装備を充実させたり、団員を十分に確保したりして、充実強化しなければいけないことは明らかで、消防団員の安全確保のための安全靴・救命衣などの基本的な装備、津波などの情報を共有するための無線機、救助活動用の資機材、最低限の水や食料、燃料などの備品がそろっていない分団もある。取材では、経費は飲み会や研修旅行などにつぎ込まれているとして、体質改善を求める声も寄せられた。

年末の消防団による夜警は地域住民にとって安心をもたらす一方、巡回後に詰め所で深夜までの飲酒は苦痛、近所迷惑だという声も上がってきた。勤め人としては年末の多忙な時期を寝不足で乗りきらなければならず、下戸の団員にとっては楽しめる時間とはなかなか言いがたい。

「飲み会を途中で抜けることは、分団長ら幹部に示しがつかない」

平然と言い放つ団員にも出会ったが、思わず苦笑いを浮かべるしかなかった。この言葉を聞くと、活動に参加してみたいという気持ちはいっさい湧いてこなかった。アルコールに強い団員が、分団内の発信力を持ってしまう傾向は、体育会気質で長年の慣習が染みついてしまっている象徴だ。

## 抵抗勢力

若者や女性、外国人など団員が多様化する中で理不尽な慣習を変えていくべきだが、抵抗勢力もいる。

「報酬・手当がちゃんと個人に支給されているかどうかまでは一人一人に確認できない」

自治体の担当者も手をこまねいている様子は伝わってきたが、見方を変えれば見過ごしているだけともいえる。

複雑な仕組みが足かせにもなっている。

制度上、消防団長は市町村長から任命されて就任するのがルールで、消防局・本部ではない。消防局・本部と消防団は対等な関係としつつも、分団は住民組織なので一定の配慮がどうしても生まれる。自治体、消防局・本部からは協力してもらっている、という側面があるからだ。そのため、北海道小樽市や茨城県ひたちなか市のように、一般団員は分団口座に報酬・手当が支給される一方、団長などの幹部団員には個人口座払いにしている例もある。ポイントは、個人口座払いがまったくできない訳ではないことだ。

消防団の管理を強めていくことで、反発が起きることも想像できる。管理体制を検討することで、地元の政治家が出てくる可能性もあるなど、ハードルの高さが幽霊団員などの問題が常態化し続けている一因と考えられる。

## そもそも、なぜこの問題は表面化したのか

江戸時代に消防団が誕生し、組織風土はさして変わらないまま21世紀を迎えてしまった。オーバーな表現かもしれないが、取材を通してそう思うこともしばしばあった。人情には厚い側面があるものの、しきたりと上下関係に異常なこだわりを持っていたからだ。

長らくブラックボックス化していた問題が、なぜ今になって表面化し、一般化されようとしているのか。

２０１５年に起きた東芝の不正会計問題などで、「コンプライアンス（法令遵守）」「ガバナンス（統治）」という言葉を日常で聞く機会が増え、当たり前のように求められる時代に突入していることと深い関係性があるように思われる。

法令遵守や企業統治は、１９９０年代後半から、日本ではバブル崩壊とともに、山一證券、足利銀行、ライブドア、オリンパスなど、企業の不祥事が相次いだ経緯から重要視されるようになった。度重なる不祥事が問題視されるたび、会社法、金融商品取引法、証券取引所規則などを強化してきた政府は、２０１３年には「日本再興戦略」でコーポレートガバナンスの強化を閣議決定。翌年には、金融庁が機関投資家の行動原則（日本版スチュワードシップ・コード）を策定し、15年には東京証券取引所が企業の行動原則である「コーポレートガバナンス原則」を公表。順次、適用が始まっている。この30年間、企業環境を取り巻く状況が劇的に変わってきた一方、消防団の法令遵守や統治における取り組みについては、遅れを取っている。

勤務先で法令遵守などが定着してきた一方、消防団ではなかなか根づいていないギャップに違和感を覚える団員も多いのではないか。加えて、ＳＮＳが普及し、誰でも気軽に情報を発信することができるようになった。

「消防団は公的な組織にもかかわらず、このままでいいのか」

告発者と接触を重ねるたびに、消防団に携わってきた関係者がこう訴えるには理由があった。

消防団に法令遵守などが求められていることに対して、消防団だけでなく、自治体も気づいていない訳ではない。ただ、表面上の対策に終始していて、なかなか打破できずにいる。報酬・手当を団から個人振り込みに切り替えただけで満足するのではなく、法令遵守を周知させていく役割も自治体は担わなければ、時代にそぐわない風土の改善とまではいかないだろう。団員の確保や報酬・手当の引き上げ以前に取り組むべき問題がある。団や自治体の主張として、

「費用・人手を捻出しなければいけない」

という言葉も度々耳にした。言い訳がましいところもあったが、自治体の規模を問わずして本腰を入れて消防団の改革に乗り出しているところもある。

「消防団の活動には納涼祭や餅つき大会、盆踊り大会の警備など予算がついていないものが複数あるのも事実としてある。ちゃんと活動してくれていると思っている」

自治体担当者のコメントは、いつも断言ではなくて、期待が込められていた。

## 行き場のない声に耳を澄ます

消防団を全国的に取りまとめている団体として、「公益財団法人日本消防協会」（東京都）がある。主な事業は消防団員の共済保険などの福利厚生制度の整備や消防団員への表彰、操法大会の開催など。

消防団員が幽霊団員の存在や報酬・手当の水増し請求など団内部の問題を告発できるような相談窓口は、各自治体にほとんどないのが現状だ。自治体の担当者に相談するのが一般的で、団員は駆け込み先を探している。

自治体側としても、あくまでも地域間の問題であるという認識が強いため、団組織に立ち入って制度改革を促すことにためらいがある。問題が起きても分団固有の問題として処理し、団全体の問題として波及する例は少ない。

「消防団の頑張りにスポットライトを当てて目を向けてほしいし、そういう記事を書いてもらいたい」

という意見も寄せられた。だが、毎日新聞の記事のデータベースを見返してみると、むしろ日々の活動内容に焦点を当てた過去記事の数の方が圧倒的に多く、私も何度か取材し、記事にしてきた。団員は厳しい訓練を重ねて出動に備えるだけでなく、地域の運動会前の水まきや納涼祭の警備にも取り組んでいる。地域の行政を支えるためには、頼もしい存在であるのは間違いない。ただ、マイナスイメージを助長する気はまったくないが、たとえわずかであっても駆け込む先がない団員らの声に記者として耳を塞ぐ訳にはいかなかった。

全国でどれだけの幽霊団員が存在していて、毎年いくらの公金が水増し請求されたり個人に行き渡っていなかったりするのか実態は分からないままだ。ただ、これ以上、災害や防災に関心を抱く人たちを失望させてはいけない。

## あとがき

本書が刊行されるきっかけになったのは、光文社新書の小松現さんが、毎日新聞社が2018年5月から展開したキャンペーン、「私物化される幽霊消防団員」を巡る報道に目をとめられたことだった。

入社3年目、20代の頃に始めた幽霊消防団員に関する取材を、私自身、その後も続けていくことになるとは想像もしていなかった。取材先を始め、経済部、岡山支局と取材の方向性や記事化に向けてさまざまな形で尽力いただいた関係者の方々に改めて御礼申し上げる。

新聞記者として、「読まれる記事・ニュースとは何か」と考えることが多い。個人的には、シンプルにSNSなどで検索してもヒットしない一次情報を伝えていきたいという思いで取材している。

事実を客観的に描く「ルポルタージュ」や、発表前の情報をいち早く発信する「スクープ」、隠されてきた真実を暴く「調査報道」……。目指す方向性や得意とする分野、記者としての考え方は人それぞれだ。私はジャンルへのこだわりはまったくなく、一般的に知られていない問題を掘り下げていきたい好奇心の方がむしろ強い。幽霊消防団員に関する問題もそうだった。


私自身、震災の被災者でもあると同時に、記者になってから熊本、神戸、岡山、そして福島で災害取材に関わらせてもらった。防災に対する意識も、知らず知らずのうちに高まってきたと思う。被災地に足を運ぶと消防団員に話を聞くこともあり、「人災だった」と耳にすることが何回かあった。団組織がうまく機能していなかったという。災害の発生は防げなくても、備え次第で守れる命があることを知った。

備えはさまざまだが、私物化される消防団に関する問題の解消も忘れてはならないのではないか。幽霊消防団員を始めとする問題は、公金流用の温床となり、時代錯誤なシステムであることは明らかだ。触れられないブラックボックスとして放置し続けてきた国・自治体の責任は重い。

経済部に異動後も、公金が適正に執行されているかどうかをチェックする「見えない予算」という企画で、この問題を取り上げてきた。報道を重ねるたびに、届いた情報提供は約１００件。不定期で記事を展開してきたことで、政府内で取り上げられるようになり、20年12月には総務省が検討会を立ち上げ、消防団員の報酬・手当の支給方法を調べる実態調査に初めて乗り出した。

自己犠牲で消防団組織がなんとか成り立っているものの、いつ崩壊してもおかしくない。団運営の在り方がどこまで変わるのかは不透明だが、国・自治体がようやく重い腰を上げ始めている。

本書では消防団関係者を始め、自治体職員や議員、地域住民にも取材し、できる限りの声を反映させてもらった。一人でも多くの方に、手つかずの聖域が残されていることを知ってもらえればと思い筆を取った。

幽霊消防団員に関する問題は、「村八分」を恐れて、なかなか声を上げにくくなっている。

令和という新しい時代を迎えても、はびこる利権にすがる人たちがいる。本書が改革の一助になればと、心から願っている。

2021年4月

高橋祐貴

## 参考文献


『”消防団基本法“を読み解く――地域防災力の充実強化のために――』古屋圭司、石田真敏、務台俊介、近代消防社、２０１５年

『オレたち消防団！　地域を守る心優しき人々に捧ぐ』藤田市男、新潟日報事業社、２０１２年

『消防団――生い立ちと壁、そして未来――』後藤一蔵、近代消防社、２０１４年

『国民の財産！　消防団――世界に類を見ない地域防災組織――』後藤一蔵、近代消防社、２０１０年

『消防団員教育訓練指導必携』東京都消防訓練所、東京消防庁消防学校編、東京都総務局災害対策部、１９９１年

『消防団員実務必携』消防学校消防団員教育研究会編著、東京法令出版、２０１９年

『横浜市　消防団員の手引き』横浜市消防局　総務部消防団課、２０１７年

本文写真提供　毎日新聞社
本文図版制作　デザイン・プレイス・デマンド

高橋祐貴（たかはしゆうき）

神戸市出身。慶應義塾大学文学部卒業。2014年、毎日新聞入社。和歌山支局、岡山支局を経て'19年5月から東京本社経済部。金融や資源エネルギー庁、経済産業省を担当し、'20年10月から始まったシリーズ企画「見えない予算」で、市民団体、メディアアンビシャスによる「2020年メディア・アンビシャス大賞」の活字部門に入選。私物化される幽霊消防団員を始め、一般社団法人を通じて電通などが政府から委託業務を請け負う「隠れみの」の実態、東京五輪の運営委託業務における人件費単価などの問題を取材してきた。本書が初の著書。

幽霊消防団員《ゆうれいしょうぼうだんいん》　日本《にほん》のアンタッチャブル

2021年5月30日初版1刷発行

著　者 ── 高橋祐貴
発行者 ── 田邉浩司
装　幀 ── アラン・チャン
印刷所 ── 堀内印刷
製本所 ── ナショナル製本
発行所 ── 株式会社 光文社
東京都文京区音羽1-16-6（〒112-8011）
https://www.kobunsha.com/
電　話 ── 編集部03(5395)8289　書籍販売部03(5395)8116
業務部03(5395)8125
メール ── sinsyo@kobunsha.com

 ISBN 978-4-334-04540-1

1131

## 名画で読み解く プロイセン王家 12の物語

中野京子

フリードリヒ大王とビスマルクという傑物を擁し、世界最強国の一角に食い込んだプロイセン。ヨーロッパの原型を作った王家の２１７年間の人間ドラマを名画とともに繙く。

978-4-334-04539-5

1132

## 幽霊消防団員 日本のアンタッチャブル

高橋祐貴

活動をしていないのに自治体から一定の公金を受け取る「幽霊消防団員」。全国に広がる不正の実態がこれまで放置されてきたのはなぜか？ 若手新聞記者が日本のタブーを斬る！

978-4-334-04540-1

1133

## 「女性向け風俗」の現場 彼女たちは何を求めているのか？

柾木寛

昼の顔は営業マン、夜の顔はあらゆるお客様に分け隔てなく接するセラピスト。性だけの繋がりゆえに彼女たちが教えてくれた、この国のジェンダーとセックスの本音。

978-4-334-04541-8

1134

## 理系研究者の「実験メシ」 科学の力で解決！ 食にまつわる疑問

松尾佑一

太陽光でもお米は炊ける？ なぜ超音波をかけるとお酒は美味しくなる？ 食にまつわるふとした疑問。大学教員が自ら実験して確かめる！ 食欲と知識欲を刺激する異色の食エッセイ。

978-4-334-04542-5

1135

## 在宅医療の真実

小豆畑丈夫

在宅医療は「より良く生きるため」の手段／初めてでもうまくいく在宅医療の受け方／家族の負担をなるべく軽く——在宅医療に関わる救急医が、込み入った全体像を丁寧に整理・解説。

978-4-334-04543-2